奧里森・馬登

論「沉默之罪」

新型自由的危險、女性之間的殘酷行為、罪惡的雙重標準，以及不知情者的性教育

奧里森・馬登——著

胡彧——譯

我們該如何教育孩子，讓他們擁有健康的性觀念？
我們該如何防止孩子在性方面誤入歧途或受到玷汙？
我們該如何預先替孩子敲響警鐘，並用知識武裝他們？

曾經有無數年輕人因缺乏知識和正確的引導而不幸觸礁
願本書成為一座燈塔，指引著茫茫大海上的航行者避開色情的暗礁

目錄

【作者簡介】

　　奧里森‧馬登（Orison Marden，西元 1850 ～ 1924年），西元 1850 年生於美國一個貧窮家庭。3 歲失母，7 歲喪父，在當地農家當過 10 多年童工，做盡苦工，也受夠他人的冷漠。直至一天在一個農家的閣樓裡偶遇山繆爾‧斯邁爾斯（Samuel Smiles）的《自助》，頓悟人完全可以從自身的環境中奮起的道理，命運從此改變。在《自助》的鼓舞下，他從此尋求自立，一邊工作，一邊學習，先後在新倫敦學院、波士頓大學、哈佛醫學院接受教育並獲得學位。他曾開設餐廳和飲食俱樂部，購置飯店和不動產。在生意因天災受挫後，轉而將全力用於勵志書的寫作。其間儘管曾遭一場大火，將他的 5,000多頁書稿付之一炬，但這樣沒有動搖他以此「激勵和幫助他人，使他們努力在這一世界上成為一個人物」的信念。《奮力向前》的出版，受到空前歡迎，並被翻譯成數國文字。他在此基礎上創辦《成功》雜誌。憑藉這一陣地，遍訪同時代的無數名人，總結成功規律，宣傳「任何一個平凡人都可以變得非凡偉大」的信條。他將富蘭克林（Benjamin Franklin）的人生價值 —— 節儉、自控、勤奮、誠實與愛默生的成功標準 —— 自我依賴、洞察和真理融為一體，成為無數人實現「美國夢」的催化劑，被譽為美國成功學的先驅。

PREFACE

　　奧里森·馬登現被譽為美國的大師級人文勵志作家，一生著述 70 多部，影響全世界的幾代人的成長與成功，而他本人也是典型的美國精神的典範，出身卑微，經過奮鬥—失敗—成功—再失敗—再成功的人生歷程，其作品是後面的潛能大師和成功學作家的必讀範本，至今流傳。

　　代表作有《生而為贏》、《沉默之罪》、《擇業說明書》、《活出精彩》、《平和·力量·富足》、《正確思考的奇蹟》、《寫給創業的年輕人》、《人自為王》、《愛的方式》、《女人與家》、《生活的樂趣》、《你行，但要做到》、《至始至終》等 70 餘部經典作品，每本都深受各國年輕人喜愛，林語堂和胡適都曾向當時的年輕人鼎力推薦奧里森·馬登及其作品。

致不知情者

　　有千千萬萬的青少年並不知道缺乏正確的性教育會讓他們面臨多大的危險，那些播撒了「風流種子」的人此刻收獲到的是無知所帶來精神和肉體上的極度痛苦。數以百萬的父母不惜一切代價想讓自己的子女獲得幸福，但他們在這個重中之重的問題上竟然犯下了「沉默之罪」。世界各地的朋友們，雖然我們未曾相識，但是，我能感覺到你和我都在關注同一件事情，都希望能夠為這個世界做些有意義的事情，因此作者將此書獻給大家，為世界更美好略盡綿薄之力。

—— 奧里森・馬登

導言

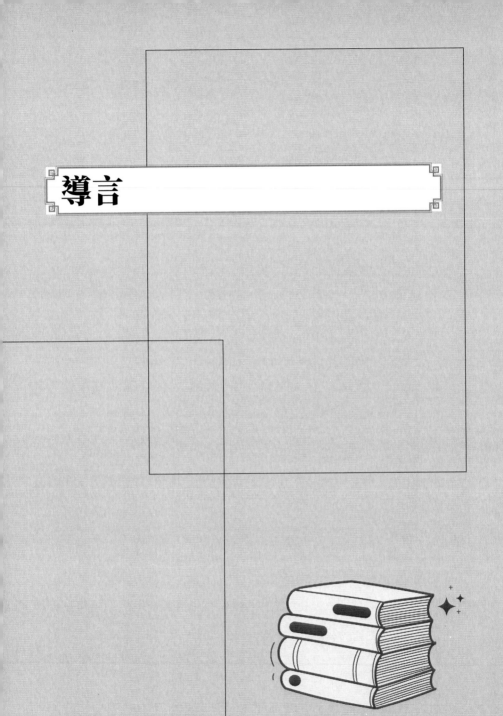

　　我們應該如何教育孩子，讓他們擁有健康的性觀念？我們該如何防止自己的孩子在性方面誤入歧途或受到玷汙？我們該如何預先替自己的孩子敲響警鐘，並用知識武裝他們，以便讓自己家族純正的血統和良好的聲望代代相傳，永保活力？

　　如今，這些問題已成為家長們、牧師們、老師們以及社會各階層人士思想中頭等重要的問題，這種現象是前所未有的。

　　我們正在逐漸意識到，這些問題的重要性不容忽視，長久以來，人們在性教育方面始終奉行避而不談的做法，這種做法簡直無異於犯罪，但無論如何，這種局面最終將會被打破。長期以來，我們的社會竟然能夠讓這個極為重要的話題在緘默中聽之任之，讓數以百萬的青少年面臨由忽視而導致的各種危險，用現代文明進步的眼光來看，這簡直不可理解，甚至就是在犯罪。最近，一位醫生作家對這一方面做了一番陳述，他的話或許並不誇張。他說，「你在大街上隨便找十個男人，至少有九個人現在或曾經在一定程度上受到過不道德行為的困擾。」

　　歷史上任何一場戰爭所導致的悲劇都比不上這種「沉默之罪」所帶來的災難性後果。如今，用正確的觀念引導，用科學的方法教育已經成為了青少年性教育問題中的首要大事。

　　船隊裡的一位年輕人對船長說：「如果你在這片水域裡待了 20 年，你一定對這裡的每一塊礁石、每一個淺灘都瞭若指掌了。」船長答曰：「不，我並不了解它們，但我卻知道哪裡的水最深。」

　　作者寫下這本書的意圖並非完全是要為那些正在人生旅途

中航行的年輕水手們繪製一副航海圖，指導他們繞過危險區域，為自己開闢一條安全理性的航道。

　　作者還希望它能夠成為一座燈塔，指引著茫茫大海上的航行者避開色情的岩石與暗礁，不再重蹈覆轍。要知道，曾經有無數的年輕人只因為缺乏知識和正確的引導而不幸觸礁。

導言

第一章
純潔是一種力量

第一章　純潔是一種力量

吾一人之力堪比十人，心之純潔使然。

—— 阿佛烈‧丁尼生[1]

美德與日月同輝，然日月有交替，美德則以其恆久而律人。

—— 約翰‧米爾頓[2]

在夏威夷群島上，一位優秀律師、政府工作人員不慎將一盞嘶嘶而燃的油燈打翻，灼熱的燈油灑落在他的手臂上，他卻毫無痛感。詫異之餘，他找到了醫生，方知自己竟然是漢生病患者。這一發現令他驚恐不安。

漢生病的早期症狀便是沒有痛覺。然而，這種病症的可怕之處就在於，它能讓患者因失去痛感而擁有一種感官上的愉悅，但這種愉快是畸形的。除了激起人類低等的動物本性外，這種不正常的愉悅感往往還會麻木其精神，從而抹去人性中神聖的一面。

正如鴉片可以麻木人們的身體感覺一樣，放蕩、奢淫的生活一方面損害人的健康，另一方面會讓人道德淪喪，在不知不

1　阿佛烈‧丁尼生（Alfred Tennyson，西元 1809 ～ 1892 年），英國詩人，生於林肯郡索姆斯比，就學於劍橋大學。他的主要詩歌成就是悼念友人賀萊姆（A. Hallam）的哀歌〈悼念〉（In Memoriam，西元 1850 年），其他重要詩作有〈尤利西斯〉、〈伊諾克‧阿登〉和〈過沙洲〉，詩歌《悼念集》等。西元 1850 年 11 月 19 日，丁尼生被英國授予桂冠詩人。

2　約翰‧米爾頓（John Milton，西元 1608 ～ 1674 年），英國詩人、思想家。英格蘭共和國時期曾任公務員。代表作：《失樂園》、《論出版自由》等。

覺中漸漸步入危險的泥沼。

丁尼生在寫給格拉海德爵士（Sir Galahad），這位年輕純潔的騎士的警示錄中，字裡行間無不透露出一種智慧──

吾一人之力堪比十人，心之純潔使然。

純潔賦予人力量，放浪則損人與無形中。前者有建設性，後者卻極具破壞性；純潔能夠塑造一個完整之人，放浪則令人支離破碎。

純潔是一種力量，那是因為它意味著一個人在思維和行為上的完整性。純潔就是完整。不純之人很難有大的成就，因為他十分清楚，自己天性中的純潔早已泯滅，因此總在關鍵時候無法做到十足自信。不純就像是一團發酵的酵頭，它能夠對一個人產生各方面的影響，深知自己已喪失純真猶如輪胎上的一個小洞，總是會偷偷奪去好不容易鼓足的力量。這種人也許會在短時間內發達，但從長遠來看，本性中的這一痼疾最終會令他功虧一簣。

在現實生活中，不論是身體、道德、還是心智方面，要想有所成就，「毫無雜念」是最實用、最不可或缺的要求，它能讓人身心健康，為成功帶來最大的契機。這是年輕人最重要的一條戒律，不要去理會那些向你灌輸「誰也免不了會犯錯」這種思想的人，犯錯不需要理由，只需要藉口。一切過失均為弱點，邪惡與活力猶如水與火般難以相容。純潔是力量、健康、權力、個性，是人性中最聖潔的一面。「上帝眷顧那些心無雜念的人，因為他們必將見到上帝。」這句話應該理解為「他們

第一章　純潔是一種力量

的確與上帝有過約會。」

　　只有心地純潔的人，或聖潔之人才能夠陪伴在上帝的左右，「心之純潔是一切宗教的最終目標和出發點。」另一方面，心之雜念將會在我們的眼前形成一道障礙，給我們的精神之窗蒙上一道幕簾，將我們與那些純粹的、潔淨的、可愛的東西阻隔開來，給人類和他的創造者之間隔上了一層紗。心之雜念就像一扇緊閉的門，令這個可悲的人無法接近自己的主，故而無法領會到聖潔的恩澤。

　　不論是男是女，純潔的生活對於身體和道德都具有同樣重要的意義。它意味著效率、身體各部分的協調和與日俱增的自信；它意味著讓勇氣戰勝膽怯、保留積極擯棄消極的思想；它意味用創新與力量取代模仿與依賴。

　　任何一個明白事理的人都知道，違背了性規律或對性的過度放縱會嚴重危害到一個人的精神和思想。再沒有什麼比意識到自己在性生活方面出了問題更能夠對人造成打擊了。成千上萬的人之所以自殺，就是因為他們不慎染上了性病，感覺治癒無望最終患上了憂鬱症所導致。有一次，一個年輕人口袋裡揣著一把左輪手槍來到我這裡，他向我尋求幫助，並告訴我，如果找不到別的解脫方法，他會用這把槍隨時隨地結束自己的生命。

　　對於人體的每一個器官而言，保持純潔、清爽以及正確的使用不僅是一種很自然、很正常的形式，而且還是保持他作為一個人的完整性的必備條件。不論是在哪裡，社會上只要有性放蕩的現象存在，可怕的懲罰就會接踵而至。當人性中最高

等、高貴的一面受到嚴重威脅時，萎靡不振、退化落後、悲劇和死亡將是必然的結果。無論在哪裡，不道德與放蕩必定會帶來衰敗、破壞以及消沉。

另一方面，能夠不受家庭環境的影響、不受外界的影響，在性方面不揮霍、不犯錯，表現得優秀傑出，對一個人來說，具有極其重要的意義。如果一個人深知，自己在性方面是一個正派而又有活力的人，那麼，這種意識必然會帶給他自信與精神上的力量，喚起、豐富並加強他的各方面能力，促進他的創造力，令他整個人不斷從本質上獲得進步。

這其實也是一條原則。人類的任何一種功能在特定因素下受到了阻礙，無法自由發揮之時，必然會透過其他管道轉化為新的生命力量。對於一個潔身自好的紳士來說，這種創造力勢必會轉化為智慧的力量和靈魂的力量，而對於大多數人而言，這份創造力卻在禽獸般低等的自我放縱過程中被肆意揮霍、驅散。純潔是生命的最高形態，潔身自好的人必然比那些隨便、放蕩的人更具活力、更有吸引力、力量更強大、效率更高、更加活躍、精神層次更高。

純潔意味著活力，這也是文學藝術領域中描寫人類活動亙古不變的主題，在許多文學巨著、名畫以及藝術作品中均可見一斑。在人類所從事的一切活動中，正是這種性的活力發揮了最神奇的作用，它是生命的火花，是一種自發的活力；它蘊含著生命的奧祕，為靈魂帶來歡樂和愉快。

沒有道德上的完整，便不可能有智力上的完整。如果一個人本性上存在欠缺，或者在道德上存在問題，這些問題將不可

第一章　純潔是一種力量

避免的成為他的薄弱點。沒有人可以做到一邊揮霍自己的精力，一邊呈現出自己最佳的狀態，只有集中精力，才能將自己的能力發揮到極致。

瓊·菲諾特[3]常說，「有多少了原本不起的人物，只因誤入歧途，沉溺於酒色難以自拔，最終導致其才華尚未得到十分之一的發揮，就已紛紛夭折。」

在自己的另一本書《性問題》中，他深切的為那些因放蕩而導致才華荒廢的人們感到悲哀，並用聖佩甫（Charles Augustin Sainte-Beuve）作了例證，他這樣說道，「又有誰能知道，在每一個大城市中，每個傍晚或深夜，會有多少寶貴的才華，多少能夠給予人類美好和啟迪的作品或富有成效的思想都因暫時的放縱而枯竭？如果他過著嚴格的禁慾生活，勢必為世人呈上自己過人的思想精華與創意。然而，他卻錯過了創造傳世佳作的時機，因為靈感稍縱即逝，一旦錯過永不再來。另一方面，天性中對善良、仁愛，對上帝悲憫的渴望將會畏縮、會減弱甚至麻木消失。這些人性中固有的特徵將煙消雲散，不復存在。」

人類文明的進程自身就取決於人們對性這種力量合理利用與保守的程度。歷史反覆的告訴人們，只有將性這種本能的力量看作是生活中一項神聖和純潔的內容，並對它合理利用，轉化為一種創造性的力量時，這個國家的文明才能到達一個全新的高度。然而，無論在任何時候，如果人類的這種本能就像在

---

3 瓊·菲諾特（Jean Finot，西元 1858 ～ 1922 年），法國作家、記者和社會活動家，代表作：《種族歧視》、《性問題》等。

古羅馬時代那樣，基本上淪為了放縱墮落的工具，那麼，人們就會變得虛弱不堪，失去了體力和思想上的耐力，社會將迅速倒退。將性列入生活中美德與純潔範疇的國度，其文明程度必然會大幅度增加；放蕩墮落的國度必然會停滯不前。

　　長期以來，人們在對「成功」進行分析研究的過程中發現，獲得成就的主要動力必然就蘊藏在一個人的生命力當中，因為若沒有足夠的健康來對付突發情況，為相對較長的壽命作保障，再遠大的志向相對而言也會顯得蒼白無力。墮落與不潔淨的生活會悄悄削弱一個人的精力，改變他的本性，降低他的標準，鈍化他的思想，消沉他的意志。作為一個人，他在各方面力量和活力都將有所減弱。

　　這一點不單單是指一個人身體上的不潔淨，而且還包括思想上的不潔淨。有人說「沉溺於色慾無異於死亡」，這句話真是再精闢不過了。許許多多的人在精神上打破了第七條戒律，精神上的放縱其危害性絲毫不亞於肉體上的放縱所產生的危害。從某種意義上來說，精神上的放蕩墮落要比肉體上的墮落後果更嚴重。對色慾的渴望會讓人產生的情緒上的躁動與失控，也最容易讓人意志消沉。一些最為棘手的精神疾病其實也不過就是和性有關的精神疾病。這些疾病往往是由於在思想上無節制的沉溺於色情幻想所導致。我們不妨將這些失衡的、自私的、通常較為冷血的、缺乏協調感的人稱作性心理疾病患者，他們在衝動的驅使下會做出各種犯罪行為。

　　人的思想應該和身體同樣保持潔淨。人類所具有的每一個部位都是聖潔而不容玷汙，不可濫用的。對於身體的任何一個

第一章　純潔是一種力量

部位而言，完整與否、潔淨與否都直接關係到其他身體器官的完整性、純潔性與效率。

如果一個一向很誠實的人犯了一次令人看不起的、不光彩的錯誤，那麼他整個人的個性結構也會隨之發生相應的改變。對於性這種本能而言，更為如此，且程度更大。性方面的錯誤和其他方面的錯誤或失誤有所不同，後者不論多麼嚴重，也只是發生了物質形態上的改變，而前者所帶來的，是生命結構上的改變。如果一個人故意去違背、破壞了自己的性原則，那麼，受到玷汙的這一部分就會像一團發酵的酵頭，它會對你整個人產生影響，不達目的絕不甘休。我還從來沒有見到過哪個人偉大到做了齷齪的勾當、破壞了自己的性道德底線，竟然在思想和道義上卻毫無退化的痕跡。

正因為放蕩對一個人的思想以及精神面貌具有破壞、消沉的作用，所以它密切關係到一個人在生活中是否能夠獲得成功。不潔淨的生活不僅會削弱他的自信心，而且還會讓他的生活失去勃勃生機，從而無法體會到一個生活正派、思想純潔、身心潔淨的人擁有的那種活力、創造力和活力。

沉溺於色情不僅僅會對身體、精神、意志帶來損害，而且還會削弱一個人的生活、力量和適應力。他破壞了一個人的朝氣、熱情，讓人丟掉了那種想要做得最好，成為最好的幹勁。

一個羅馬皇帝曾經下令將戰場上俘獲的戰犯右手全部砍掉，好讓他們無法拿起武器繼續戰鬥。但是這種使人致殘的方法同樣也破壞了俘虜們的生產能力，他們已經不再像以前那樣，是一個有用的公民了。性的邪惡遠勝於這位殘暴無知的

皇帝，它不僅能讓受害者失去勞動的右手，甚至還能置人於死地，讓一個人變成行屍走肉，對昔日的美好與遠大的前程只能徒留遺憾。

那些獲得最輝煌的成功、最高成就的人們，均為生活正派、保守的人，專注無雜念的人。正是人性中的這種聖潔描繪出了人生最美好的畫卷；寫下了人生最輝煌的篇章，它是一個人天賦與創造力中最崇高的一部分。它是一個人眼神中透出的智慧之光，它能讓愛人的目光更加柔情蜜意，它能讓友誼開出絢爛的花朵，它賦予人類各種行為活動生氣、活力、力量與意義。

人只有在最自信、對自己最滿意的時候，效率才會最高，精力才最為充沛；人往往也會為自己定一條潛規則 —— 只有不犯錯的人才配得到自己對自己的尊重。

當一個人能夠問心無愧的面對自己和這個世界時，他無疑是一個巨人。但是，當他意識到自己已經不配得到自己的尊重，象徵著自己身分的那一抹白鼬皮毛已受到了玷汙，不再純潔之時，他無疑就是一個囁嚅小兒。他會像一個身體被截肢的人一般，心裡充滿對失去力量的恐懼，並且抬不起頭來。許多人也因此沒有成就一番事業，原因就是他意識到自己做錯事情了，這種意識削弱了他原本具有的力量。因此，就算是站在最自私的角度看問題，放縱的生活最起碼會產生出次等的、虛弱的、有缺陷的能量，會扼殺人的志向、會讓人的理念變得野蠻、會降低一個人道德和身體上的標準。簡而言之，他既失去了男子氣概，同時也失去了女子氣質。

第一章 純潔是一種力量

　　純潔像是一個里程碑，它為一個人個性的成長奠定了基礎。沒有了純潔，就沒有了純潔的品格，沒有了純潔的品格就不可能做到出類拔萃。

　　即使是低等動物也會對生活散漫、放蕩之人表現出鄙視的態度。著名馴獸師 F.C. 博斯托克（F.C. Bostock）說，「野生動物們有一種不可思議的本領，牠們能夠本能的判斷出一個人是否沉溺於某種不良嗜好。這是人類始終無法揭開的祕密之一。對於不大喝酒或生活較為懶散的人，動物們既不會懼怕也不會太服貼。他從本性上來講看不起動物，動物畢竟低自己一等。他認為自己既無權統治動物也不比牠們優越多少。假如一個人開始少量飲酒或脫離正軌，開始走上邪路，動物們要比人發現的早得多。馴獸員身上所具備的那種超越了獸性的特質，恰好能夠壓制住自己所訓練的動物身上的獸性。如果他的身體裡產生了某種獸性，哪怕一點點，他原本的那種完美性與自我掌控能力就會消失，而那些野生畜牲敏銳的本能立刻就能察覺到這一點。野獸們似乎知道，眼前這個人已經退化到了屬於牠們的級別，那麼，每一次他進入動物的牢籠，他的生命都會處在極度的危險當中。」

　　放蕩之人從來就沒有真正脫離過危險。他的心將永遠滯留在那個野獸的巢穴中，他的生命也會因此而冒險。再沒有什麼比那些骯髒的勾當、邪惡的習慣更致命，也沒有什麼比這更能夠迅速損耗一個人的精神、體力以及鬥志。我們都知道，那些生活在腐敗墮落中的人會讓自己的生命迅速燃燒，快速產生生理和年齡上的提早衰退。放蕩就是腐朽，放蕩就意味著死亡。

相對而言肢體殘缺更容易設法克服，有些人甚至可以不顧身體上的痛苦與不便獲得極大的成功。但是每個醫生都知道，如果有人在性方面出了問題，他對一個人精神上的影響甚至要大於對身體的影響。許多放蕩之人有的最終被送入精神病院，有的自己結束生命，還有的飽嘗焦慮、憂鬱、消沉之苦，再也無法做出任何傑出的工作。

我認識一個女孩（有無數這樣的女孩），她在社群內的地位非常高，是一位兢兢業業的教會工作者。然而，當她被自己深愛並信任的男人玩弄並拋棄後，還不到一年的工夫，整個人就發生了徹底的改變，簡直和以前判若兩人。除了性，沒有任何罪孽能夠讓一個人的本性在這麼短的時間內發生如此可怕的改變。

性這種本能具有一種神奇的力量，它能夠對我們天性中的最本質的部分，即人類的精華部分產生重大的影響。它是形成一個人個性特徵的基礎，如果這種本能被保存得完好無損，純潔絲毫未遭到破壞；如果一個人的性生活保持道德、健康、有活力，那麼他的整個生活都會呈現出生機勃勃的美麗和輝煌。但是，如果性生活墮落、糜爛、不節制，如果性失去了它的聖潔性，所有美好的東西也都會隨之而去。

一位優秀的作家說過，「如果一個年輕人不良的行為方式對身體和思想造成了嚴重的影響，然而用不了多長時間的改造，他的身體就有可能完全康復，靈魂也會再次回到往常的潔淨。」

然而，性方面的汙點似乎是永遠難以洗刷的。即使是宗教

第一章　純潔是一種力量

也未必能夠將它們徹底抹掉。往昔那過度的放縱的情形如同電影般歷歷在目，不時的在你的腦海裡重播，一直伴隨著你進入墳墓。甚至在你臨終的那一刻，那可怕的一幕仍然在嘲笑你。為什麼會這樣，我們不得而知。人類的性原本是用來延續種族的，大自然似乎在用她固有的方式對人類違反性規律做出了懲罰。

許多人似乎都抱有這樣一種想法，在他們看來只要自己的行為是正派潔淨的，至少在公開場合是如此，那麼他們私下裡做什麼都沒關係，個人行為對我們最終不會產生太大的影響。有一次，一個牧羊人看到一隻雄鷹從岩石上起飛，展翅翱翔在天空中。但是，這隻老鷹似乎飛得越來越不平穩，漸漸開始搖晃、失衡。先是一隻翅膀垂了下來，接著另一隻翅膀也失去了力量，最後，這隻可憐的老鷹從空中墜落下來，摔在了地面上。牧羊人上前去看這隻掉落的老鷹，發現老鷹原來是在岩石上憩息之時，被一條小金環蛇給纏上了。這條金環蛇就在老鷹毫無察覺的情況下悄悄潛入牠的羽毛之中，就在牠滿懷信心帶著自豪與驕傲在風中自由飛翔之時，這條冷血畜牲偷偷將自己的牙齒插入了老鷹的身體，使之中毒，在空中打著迴旋栽倒了地面上。這是一則極富生活哲理的故事。一些隱蔽的罪惡總是在人們毫不知情、毫無防備的情況下悄然向心臟進襲，最終，那個原本驕傲的生命會一點點的變得汙濁，潛埋於塵埃之下，從此不再散發光彩。

若無純潔之心，持久的顯赫便無從談起。邪惡能夠將一個人的身體破壞得千瘡百孔，也會令一個人一蹶不振。我們不時

的聽說某個社群裡的某個知名人士突然之間垮臺或身亡，不由得為此感到震驚、悸懼。然而，一個人信心的徹底喪失是一個漸進的過程，並不是像它表面上看起來那麼突然。它是長期以來美德受到了侵蝕，邪惡的東西逐漸占了上風的結果。或許在真理和誠實真正受到檢驗的時刻，人們在極度恐懼的狀態下根本堅持不了一個小時，人性中的弱點就會最終會做出讓步。這時候，經濟上或社會地位上的嚴重危機往往會伴隨著自殺的槍聲而一了百了。

世界上最美的祈禱者莫過於舊約中〈詩篇〉的作者。這位可憐的、失去純真的、傷心欲絕的詩人在羞愧與懺悔中寫下了這樣的句子，「主啊，賜予我純潔的心靈吧。」「誰將升入主的山巔，誰將進入神聖的宮殿站在主的身邊？是那些雙手與心靈同樣潔淨之人。」如今在這個國家裡，有幾千個人將自己的右手砍掉，以示對年輕時因無知犯下的性過錯的悔恨，並以此來尋求解脫。

「純潔就是力量」並非是演講中的誇誇其談，這是千真萬確的事實。純潔是我們人類的本質、力量和作為萬物之靈最基本的東西。

放縱於性的邪惡能夠以最快的速度在不知不覺中削減一個人的生命。當一個人為自己的這一罪孽深感內疚之時，其他的壞事情似乎會不約而同一起跑來將這個人擊倒。有時候，我們能夠透過一個年輕人從家裡出去上大學後所發生的一切當中，看到這一破壞性力量所帶來的悲劇性後果。有的人一下子自由了，這種自由的力量主導了他整個人，於是，他開始失去童

第一章　純潔是一種力量

真，沉溺於色慾以及其他一些享受。在難以置信的短時期內，他的健康就走上了下坡路，最後徹底垮掉以至於走向死亡。

放縱之人衰老迅速。一個不節制的聲色犬馬之人根本不可能保持年輕。人人都知道，街頭出賣肉體的女人大都短命，平均從業時間也不過就在 4、5 年而已。她們褻瀆了人類最聖潔的一部分，於是，她們自己整個人在身體上、精神上和道德上充滿了頹廢與萎靡。她們扼殺了自己曾經擁有的最為珍貴的東西，這種意識迅速將她們的生活輾得粉碎，然後灰飛煙滅。有些妓女 1 年之內的衰老相當於一個純潔的女孩 10 年時間的衰老。

純潔不單單是保持健康的靈丹妙藥，它還能令你青春常駐，益壽延年。心靈的純潔將會令《聖經》中的承諾兌現——「他細嫩的肌膚將勝過孩童，他將重返青春時光。」

> 啊，生命將獲得重生
> 只因溫暖照亮了冰冷的黑暗
> 一切一如既往
> 人類的奇蹟將緊緊跟隨

——J. G. 惠蒂埃[4]

4　J. G. 惠蒂埃（John Greenleaf Whittier，西元 1807 ～ 1892 年），美國詩人、作家、編輯、廢奴主義者。代表作：〈赤腳的男孩〉、〈芭芭拉〉和〈雪界：一首冬季田園詩〉等。

第二章
沉默之罪

第二章　沉默之罪

自重、自省、自控，
乃是一個人的生活通往成功之巔的三件寶。

—— 阿佛烈・丁尼生

美德是一位失明的天使，唯有知識為其帶路，方可抵達最終目標。

—— 賀拉斯・曼[5]

　　一位知名人士自信的告訴我，「幾乎連我自己都不明白這到底是怎麼回事。我從小就是一個求知欲很強的男孩，對各門功課都十分感興趣。13 歲之前，我腦子裡一絲一毫都沒想過『性』這回事。此前我倒是聽過那麼幾個『噁心』的故事，故事是真的，但是這種挑動情慾的東西對我似乎並沒有產生多大的作用。你覺得它們是有趣還是無聊與你大腦中智慧的多少有關。或許我之所以能夠躲避開它的影響，其原因就是我將全部的身心都投入到了生活當中。我酷愛體育運動，打球的時候，我拚盡自己的全力，這讓我的對手也不得不使出渾身解數來對付我，所以我們根本沒有機會談論比賽以外的任何事情。當我不從事體育活動時，我會立刻投入到書本當中。我是個喜愛讀書的人，讀起書來十分專注，就算周圍有七個弟弟妹妹在玩耍，只要他們不碰到我，就不會影響到我。

　　但是有一天，一場突如其來的暴雨將我趕到了一個舊的屋

5　賀拉斯・曼（Horace Mann，西元 1796 ～ 1859 年），美國教育改革者、教育家。被譽為「美國公立學校之父」。

簷下，那裡正好有兩個人也在避雨。我們在屋簷下一直待了兩個小時，我們之間的談話從一個話題轉移到另一個話題，最後，其中一個男孩問我有沒有自慰過，他當時用了一個男孩子當中非常流行的詞，而我甚至不明白他到底在說什麼。他馬上為我做了解釋，並且補充道我應該嘗試一下，因為我還不知道自己錯過的東西是多麼的美妙。

　　然而，就算如此，在這件事過去的幾個星期後，我仍然沒有去嘗試。然而，在好奇心的驅使下，我最終試了一次。當然，這件事情不是一次就可以打住的。但是一種難以理解的本能很快就讓我意識到，它有害於我的身體健康，它正在減弱我原本充沛的活力。所以我決定停止這種行為。但是，我仍沒能完全擺脫。緊接著，我體驗了最為難過最為恐慌的想法，我突然間感覺到，我已經受制於這個頑固的壞習慣，絲毫動彈不得。我繼續著，雖然我感覺自己就像是西部電影中失控的、正朝著懸崖衝去的汽車中的那個司機，在極度的瘋狂緊張的狀態下發出驚聲尖叫，『我搆不著煞車！』

　　我曾接受過最佳宗教以及智力方面的教育，我記得有一天我突然在腦海裡想到並對自己說，『你的靈魂已不再屬於你，對你談上帝天堂之類的事情根本沒有用，因為你不配！你還不如一個奴隸，如果你繼續，你還不如聖保羅所說的那個行屍走肉，因為是你自己的行為引出了生活中最令人煩惱的事情，那麼你注定要被它拖入十八層地獄。你的優秀就是為了這一點？你被父母生出來就是為了這件事？不，這個世上還有更好的事情等著我去做，我不能就此成為這該死的惡魔的犧牲品，不能

第二章　沉默之罪

讓它將我控制。這是一場艱難的爭鬥，但最後我的手還是抓住了煞車，我獲勝了。即使是在今天，每每回顧那時候的我自己，就像是在一個沒有星星的夜晚獨自行走，那份絕望真的讓我不寒而慄。』」

一個本質上並不容易受到誘惑的人，僅僅是出於好奇而嘗試了不應該的事，如果說他的經歷尚且如此的話，那麼，其他那些成千上萬，甚至數以百萬的本身在這方面抵抗力較弱的人，他們又該是什麼樣子的呢？僅靠意志力去與它作爭鬥，就算是一個意志堅強的人也是很難獲得成功的，更何況那些意志較為薄弱，並沒有意識到其危害性的人。我們的保護人員和預防工作者在哪裡？在如此重要的一件事情上，他們從來沒有給出過任何警示和指導，那些父母、學校、教會、組織、慈善家，那些口口聲聲說自己深度關心青少年福利的人都到哪裡去了？我們可以設想一下，要建造一輛大馬力汽車或一艘汽船，然後把它放到公路上或大海上。然而情況卻是這樣的，汽船已開足馬力，船長手裡卻沒有航海地圖或航程圖；汽車已上路，司機卻對時刻表和沿路的交通信號一無所知！

歐文・史坦哈特[6]博士說，「我很高興看到人們的理念正在發生著天翻地覆的改變，他們不再認為，對於純潔的孩子而言閉口不談是非常必要的。比起那些外行來，我們這些醫生更有資格說，有些悲劇和災難正是由於忽視了正確的性衛生教育所導致的。」

6　歐文・史坦哈特（Irving David Steinhardt，西元 1878 ～ 1942 年），美國醫生、作家。代表作：《10 堂少女性愛課》等。

對於這個關係到一個人的人品和人性的問題，這個關係到我們這個社會各方面基礎的問題，最有可能毀掉年輕人的幸福和生活的，就是我們這種愚蠢的假裝正經、如同犯罪般的閉口不談。你們這些面對性教育如此重要的問題卻始終保持緘默的父母們，又有幾個人能夠意識到，你們今天的沉默很可能會為孩子們將來的痛苦與不光彩經歷埋下伏筆。如果你們能夠跟著他們進入未來 —— 跟著他們去聽他們的懺悔，去他們的牧師那裡，去他們的醫生那裡，去到手術臺上；如果你在若干年之後，能夠聽到他們對著神父、對著庇護人、對著醫生的哭訴，訴說他們內心的痛苦，你或許就會接受這個永遠也無法忘卻的教訓。你會認知到，雖然現在和孩子們談這個微妙的問題有些羞於啟齒，但是你的沉默無疑助長了他們的不重視。這種可怕的不重視或許會讓他們在未來的歲月裡付出沉重的代價，比如說婚姻不幸福、下一代感染連死亡都不如的先天疾病。

　　我們其實剛剛才開始意識到並且認同一個觀點 —— 正在發育中的少男少女所具有的性元素具有強大的影響力，性器官影響著一個人身體的改變、思想的改變以及性格特徵的造就。

　　比如說一個 11、12 歲或再大一點的男孩，由於事故或外科手術導致男性腺體遭到破壞，這一缺陷會引起所有同性本能相關的事物發生根本的變化。聲音會變得又細又弱，肌肉會變得柔軟鬆弛，胸部停止發育很狹窄，肩膀下垂，思想失去活力。換句話說，這個男孩在生理上和心理上都被閹割了。他已經失去了自己的戰鬥力，失去了男子的一切代表著強壯的特徵，成了一個女人。實際上，如果他穿上女人衣服，也不會有

第二章　沉默之罪

人覺得不對勁，但這個女人是一個虛弱的，毫無特徵的女人。

這樣的變化同樣也會發生在一個失去卵巢的女孩身上。她的美好精緻的女性特徵會全部消失殆盡，她會獲得前面所講的那個男孩失去的男性特徵。她的身體肌肉發達，聲音將變得又粗又啞。她常常會攝入過多的脂肪，徹底失去了女性的形態。她穿著女孩衣服時，人們勉強將她當女孩，如果穿上男孩衣服，也像個男孩，只不過是一個次等男孩。

簡而言之，被閹割的男孩會失去活力和男子氣概；被閹割過的女孩也會失去女性吸引力。每個人都失去了具有獨特魅力的明顯的性特徵。

不幸的是，被閹割過的男人既不是男人也不是女人，被閹割過的女人同樣既不是女人也不是男人。他們只是彼此獲得了對方所失去的性特徵。

還能有什麼比了解自己更重要呢？哪怕只及一半。了解自己的性質，了解他／她為什麼會是現在的他／她，了解雜交狗和一個出色的男人或優秀的女人之間到底有什麼不同。所有這一切都至關重要。

阻止少男少女們了解這些知識不僅應被視為粗暴而且被視為犯罪，這樣的時代即將來臨。要想提高民族素養，防止由性氾濫、性過度所導致的難言苦痛和可怕悲劇，唯一的途徑便是對年輕人進行正確的疏導。

對年輕人而言，其他任何事情的重要性都不及性教育的1%。應該讓他們了解性這種本能活動以及一切與之相關的知

識。然而迄今為止，愚蠢守舊的家長們仍對此守口如瓶。他們認認真真的教自己的孩子有關宗教方面的東西，他們強調去教堂、上週末學校，他們注重孩子們智力的發展，關心孩子們所研究、所閱讀的東西，他們熱切盼望自己的孩子能溝通有文化的人交往，以便獲得好的薰陶。但是再來看看他們對待孩子們的性這一重要問題的態度吧，這個問題就擺在那裡，就在孩子們的身體裡吵吵鬧鬧、沸沸揚揚，這些問題正在呼喚家長們的注意力，但家長偏偏隻字不提。在現實中，孩子們對這方面的了解都是從低級的笑話、隱晦的話語、問卷調查中各種扭曲的資訊中得來的推斷。這只能引起更為強烈的、病態的好奇心。孩子們有權從家長那裡尋求安全方面的指導，然而他們卻未曾從自己所尊重和崇敬的人那裡得到過隻言片語。

　　我認識許多家長，他們都犯了一個看似謹慎的致命錯誤。他們缺乏倫理道德上的勇氣無法準確的告訴自己的孩子性的本質是什麼，於是就努力希望由老師或朋友來為他們啟蒙。但是家長朋友們，你們是否意識到，當你們將這一神聖使命委託給他人完成時，必將削弱孩子和父母之間最為珍貴的紐帶 —— 孩子們心中與生俱來的對父母的那份不容置疑的信任和依賴。在成長的歲月裡，他對自己的父母是如此的景仰，在他看來，父母對待任何事情的方法都是那麼的權威。難道你不認為，將你們那些所謂的謹慎拋之腦後，認真告訴自己的孩子性到底是什麼，它的真正含義又是什麼，要比危害到孩子未來的幸福與前途好上百倍嗎？有多少年輕的靈魂深處發出了痛苦、憤怒的嘶喊：「天哪，為什麼我的父母沒有及早告訴我這一切呢？他

第二章　沉默之罪

們為什麼沒有在我觸礁之前及時向我發出警示訊號呢？」

你不認為，孩子們從視他們如生命的父母那裡了解到自己的生理本質，要比下流笑話帶給他們的混亂以及街頭、校園那些令人作嘔的提議要強上一萬倍嗎？

一些家長對自己標榜自己，認為他們的孩子在私立學校就讀很安全，因為那裡的男生和女生全部都是最優秀的。但往往就是在大多數私立學校和大學裡，多多少少充斥著不道德的性活動。某一個性變態者玷汙了整個學校的道德風氣，然而令人遺憾的是，等到老師知道這一切時，早已為時晚矣。這樣的事時有發生。這種危害悄然發生著作用，邪惡是如此的微妙，不潔淨就像一塊發酵的酵頭，潛伏得不露痕跡，還沒等老師和家長發覺，孩子的整個性格已被侵蝕得面目全非。

母親們總認為和孩子面對面談性是件可怕的事情，她們總認為，這樣的事情根本無須去教，到時候孩子們自己會明白的。可她們哪裡知道，常常有這樣的事情發生，她們的小女兒早在步入大學之前，甚至上小學以及後來的私立中學之時就在性方面已不再純潔，這都是家長的忽略造成的。

班傑明・林賽[7]法官說，「在少年法庭 15 年的工作經歷讓我相信，12 歲以上的兒童中，只有不到 1% 的人從未接觸過任何形式的性。他們中有的是透過粗俗的笑話接觸到，有的是被這個年齡階段所特有的、自然而然的性好奇所支配。我一度曾認為，有這樣經歷的男孩子數量更多一些，但是我現在認為，

7　班傑明・林賽（Benjamin Lindsey，西元 1869 ～ 1943 年），美國法官、社會改革家。

男生和女生的數量同樣多。本法庭的女助理法官也同意我的觀點。她和我共同處理女性青少年犯罪案例已經超過了十年。時不時的有些案件要移交青少年法庭觀察辦公室處理，這時我們必須要通知監護人。每次當我們向母親陳述她女兒有關性墮落的事實時，母親們無一不感到震驚。」

　　林賽法官的這番陳述應該喚起每一位父母對子女進行性教育的意識。如果你在這方面沒有給予孩子正確的引導，你就應該及早想到，你的兒子或女兒（除非他們還非常小）早已透過各種管道搜集了大量性方面的資訊，數量之多恐怕是你始料未及的。你在這個方面的緘默並不能夠阻止他們的純潔被粗俗、扭曲的性所毀滅。他們之所以成為這個樣子和你有關，最令人感到難過的是，他們由於無法得到你的教導來獲取健康的性知識，只好從各種離奇古怪的資訊中提取他們想要的東西。不幸的是，人類中總有那麼一些敗類，他們時刻準備著有意無意的向青少年腦子裡灌輸各種邪惡的、半真半假的東西，並慫恿他們做不該做的事，替他們敲邊鼓，並將低級的讀物和色情圖片送到他們手中。總有一些畜牲喜歡拿一些變態的性資訊來迎合年輕人的好奇心，並樂此不疲。這些東西只能產生煽情縱慾的作用，讓人產生病態聯想。

　　性之所以危險，很大程度上在於原本應該讓他們知道的東西，卻一直藏著掖著。但是大自然並不允許人類就這樣忽略了這件原本就很自然的事情，她用自己固有的力量迫使人們去了解它。正在發育中的青少年有難以遏制的好奇心、持續不斷的渴望、漸漸覺醒的激情，所有這一切都要求一個解釋。那麼誰

第二章 沉默之罪

負責來給出這些解釋呢？當然是你們這些父母們。如果你們不給出解釋，他們將會以各種可能的方式，在你看不見、聽不到的情況下隨時隨地挑揀自己所需的這方面的資訊。因此，透過這種方式獲得的資訊，永遠不可能像透過正規管道得來的資訊那般乾淨、純潔、健康。這些資訊大多都是下流低俗的，內容低級汙穢，極易引起色慾。

反對讓青少年了解自己的性本質的最大原因之一是，這樣做會誘發他們非正常的好奇心。而現在我的看法卻恰恰相反。以科學的事實為基礎，簡潔、公開、坦率的將這一知識在適當的年齡用適當的方法告知青少年是預防可能發生的病態好奇心的唯一途徑。孩子們只對藏起來的那一部分東西感興趣。開誠布公的討論會驅散任何不正常的好奇心，只有那些蒙著神祕面紗的真相才真正能夠引起人們的好奇心。

你是否曾經想到過，正處在危險年齡階段的孩子們對於「性」這個美妙的話題所具有的興趣，遠遠超過了其他任何事情。然而這個話題卻從來沒有在家裡被提起過，也從來沒有人打聽過。更沒有人告訴孩子，這是因為這樣，你的父母才會以夫妻的身分生活在一起。這種現象定會讓你的孩子感到大為不解。即使在有些家庭裡，父母有時會開些玩笑，說他們如何戀愛如何結婚，但是故事表面之下最本質、最神祕的一部分卻從來未做出過任何解釋。而不幸的是，孩子們的性意識卻因此而不正常的發展起來，他們被丟在黑暗當中無人理會，任憑自己的力量與這種本能和激情作爭鬥。少男少女們認為，他們必須將自己的想法藏起來，不讓自己的長輩知道，因為他們從來沒

有聽到過自己熱愛、欽佩的人提起過這件事，把這些事情講給他們聽的，只有那些猥瑣、低級之人。

那麼，在孩子尚未形成帶有病態好奇的自我意識之前，如果問到了有關性的問題，我們作家長的為何還要故作姿態呢？為何要避而不談或用一些故事和謊言來搪塞呢？為什麼不能坦率而真實的將一切告訴他們呢？他們遲早都會明白這一切到底是怎麼回事，因此，你在他們心中的威信會因曾經的欺騙而打了折扣。此外，如果父母不告知他們，而是讓他們透過外界獲得這些知識，那麼，孩子們必然不會再像從前那樣，把父母當作無話不談的知己。他們會漸漸遠離，你們之間多多少少會疏遠起來。

要記住，子女在獨立之前與父母之間的關係是毫無保留的信任，這種信任是如此根深蒂固，以至於他們不會再去相信來自其他人的資訊。這其實就是你為他們灌輸正確知識的絕佳機會。在這個極易受到影響的、危險的年齡階段中，拒絕給出孩子們正確的指導無異於讓一個盲人獨自在通往河邊的街道上漫步，這是多麼殘忍的一件事啊。

如果你能設法讓自己的孩子和你一直保持親密的關係，每每碰到困擾之時，讓他自然而然的來找你，你們之間暢所欲言，哪怕是個人私密也不例外，那麼，你就基本不必為他的將來擔憂了。如果你能夠讓自己的孩子時刻牢記，讓爸媽知道自己各方面的情況這並沒有什麼好難為情的，那麼，你就是做了一件了不起的事情。

多數父母認為，為孩子解開性的祕密，讓他們了解性的知

第二章　沉默之罪

識就好像是將桃子上的一層絨毛刷掉一般，會讓孩子過早的失去純真。再沒有比這更荒謬的錯誤了。我們可以這樣來看待這個問題，它只是一門學科，和其他任何學科沒什麼兩樣的學科，理應接受指導。應該用純潔和簡單的方式來對待這個問題，讓孩子們認為，與之相關的不良解釋和低級笑話都是對自己母親的侮辱和褻瀆。

對少男少女們進行性教育中，最為重要的一點就是要講究方法。既要精心準備又要簡潔明瞭，要避免粗俗、粗魯以及一切導致年輕人腦海裡產生性活動幻想的可能性。

許多作家懷著美好的初衷來幫助性方面受到困擾的青少年，但他們採取了迂迴而神祕的方式，因而留給孩子們的印象是，「性」的確是一件可恥的事情、是一件必須隱藏起來的事情。雖然這種動機值得欽佩，但是這樣做的後果卻是危害大於幫助。他們犯了一個大多數成年人犯過的錯誤，他們認為孩子們在這一方面同樣也有過深刻和全面的思考。實際上，我們可以毫不誇張的說，他們在這方面的知識是非常模糊的，他們想要了解這方面的渴望也是非常容易滿足的。但這份滿足應該來自於正統的知識而並非來自欺騙。

對孩子們講那些編造出來的故事，去欺騙孩子或誤導孩子，告訴他們，一隻鶴從窗外飛進來，帶來了小寶寶，或者天使將寶寶從天堂帶入了人間。這些非但不會讓你有所得，而且還會讓你有所失。一般來說，這種含糊其辭的解釋和定義會孩子們會想不明白，比如說一個小朋友曾經問他的媽媽，「還沒有我的時候，我在哪裡？」由此可見，要滿足一個孩子的好

奇心並不是件容易事，何苦去欺騙他們呢？又何苦去把事情搞得神祕兮兮呢？為什麼不用簡單、嚴肅的方式將實情告訴他們呢？我們可以採取一種恰當的方式去解決他們的疑問，既不讓他們感到失望，又不破壞他們一絲一毫的純真。那麼，隨著他們不斷長大，思想裡能夠領悟到更多的真理時，可以再多給他們一點資訊，千萬不要等到為時已晚時再去指導他們。在孩子開始性發育之前，家長就可以稍稍給他們一些這方面的知識，這樣就不會再有產生病態想像的危險了。簡單的事實和真相將會使孩子從非正常的好奇中解脫出來。但是，如果你從一開始就採取了欺騙的方式，那麼你只好將欺騙進行下去。當他從其他人那裡透過旁門左道明白這一切時，你將失去他對你的信任。

我認為，媽媽是為年少的孩子揭開「性」的全部神祕面紗的最佳人選。因為母愛具有一種超乎尋常的得體性和微妙性，由她來為孩子們講解，幾乎不會對那些正在開竅的孩子們帶來任何詭異或震驚。一般來講，男人較為笨嘴結舌，他們缺乏靈活的方法，對於精神的觸動不那麼敏感，不具備女性固有的那種直覺。對於孩子來講，尤其是當他們還是小孩子時，在這個世上再沒有比母親更為神聖的東西了。所以，母親所說的每一句話絕對要比父親或老師所說的話有分量。當男孩子步入青春期的時候，父親更容易博得孩子的信任，可以為他們提供這方面的指導。但是，在他年齡尚小之時，母親應該給出他這方面的指導。

當兒子心情好的時候，母親可以利用這一絕佳機會，告訴

他一些有關性的科學知識。但是一定要注意語氣，既不能帶有不自然的懷疑，也不能讓孩子感覺到尷尬。相反，孩子應當覺得這一切都是理所當然的事。或許，你們之間的一、兩次談話不僅能夠避免你的兒子在未來忍受難以啟齒的痛苦甚至整個人生的悲劇，而且還能將你們之間的距離拉近到前所未有的程度。日後，當他面臨誘惑之時，他會對自己說，「我媽媽告訴過我這些。」這絕對要比他從其他途徑獲得這方面知識意義更重大。它將被蓋上神聖、潔淨、純潔的烙印，讓他避開許多個陷阱。

或者，你也可以將做母親的尊嚴與神聖告知你的孩子，從而用簡單、自然的方式向他講起這件事。如果一個男孩子透過這種適當方式接觸到這個話題，在他內心就會產生一種對女性的崇敬，你可以很安全的向他講解一些與他的生理結構有關的科學事實，以及一些自然普通的生殖及生命延續的科學知識。

母親可以解釋一些有關懷孕生產的現象，並解釋其中的一些奧祕，這一點除了母親，沒人能做到。母親要讓自己的兒子明白母性的聖潔，每一個母親為了將孩子帶到這個世界上來都需要付出多麼大的犧牲。母親要讓兒子明白，十月懷胎的辛苦加劇了母親對孩子的愛，這份母愛能夠讓母親不惜生命的代價來保護自己的孩子。這將會增加兒子對母親的熱愛，最終在他思想裡形成一種理念 ── 「性」是神聖的、美麗的、能夠創造奇蹟的東西。

植物園、動物園都可以成為替孩子們上一堂美好的性教育課的地點。我們可以輕而易舉的告訴男孩女孩們，大自然為所

有的生命提供了奇妙的繁殖和延續後代的器官，植物、魚類、低等動物以及人類都不例外。小雞、魚類、是從卵裡孵化出來的；昆蟲要經過蛻變；植物需要養分。所有這些現象都可以很容易、很自然的引出人類如何繁衍後代，所有動物交配的目的都是為了將自己所屬的物種延續下去，低等生命形式的交配都是孕育生命的前提條件。

介紹這些客觀現象將會給聰明的媽媽們一次機會，讓孩子們了解到許多知識，從生命的進化到整個世界的進步，孩子們會將這一切牢記在心。她可以追溯到遠古時期，那時候地球上還沒有人類。她還可以告訴她的小東西們，人類這種最高等的物種是如何一步一步從動物的形式進化而來的 —— 低等形式的器官幾乎無法和植物的器官區別開來。她可以解釋人類是如何從其他生命形式進化而來，幾百萬年來，人類如何在自然界中不斷進化，一直進化到我們今天這種最高的生命形式。她還可以向孩子們描述人類如何從霍頓爬上格拉斯通，向他們講華盛頓、林肯的故事，讓他們的小腦袋瓜裡充滿了人類進化奇蹟的想像。

如果有的母親本身沒有接受過這方面科學的教育，她仍然可以用一種美好、自然的方式，將自己在這方面所有的知識都告訴孩子，這無疑能夠產生預警和指導的作用，讓孩子避免危險的經歷。等到孩子們稍微大一些的時候，尤其是如果家在城鎮的話，他們可以充分利用公共圖書館和教科書。在這些資料裡，有詳盡的生理學、解剖學以及血緣關係學方面的說明。再往後，當他們的思想中有所鋪墊時，可以向他們簡單介紹一些

第二章　沉默之罪

權威人士編寫的性生理學、性解剖學和性衛生方面的知識。

對兒童進行性教育和指導時，其目的應該是擴大青少年的知識面、提升他們對大自然、對法律和宗教的了解程度。同時，還應該在年輕人的思想中灌輸，上帝所創造的世界是那麼奇妙，到處充滿著神聖與奇蹟。尤其是深鎖在人類身體內部的力量。

你們這些父母們有許多人會說，你所提出的這項在孩子們面前討論性問題的建議令人反感，這些事情根本就不應該讓孩子們去考慮，在他們面前應該什麼都不要提，討論這件事情只能讓孩子們腦子裡滿是這些不應該的東西。但我要告訴你們，讓你們的兒子和女兒了解自己生命中和性有關的全部事實，了解人類延續的奇蹟所帶來的潛在風險和危機還不及保持沉默、讓一切保密的千分之一。實際上，對這些重要的事實有一個純潔、科學的了解，恰恰可以對孩子們發揮保護作用，讓他們不受邪惡、病態好奇心和一些想入非非的思想的侵擾。最危險的，並不是家長對子女「性事實」的忽略，而是家長對子女「性想像」的忽略，了解就意味著保護和安全。

不要再犯太多家長所犯的錯誤了，他們總認為忽視就是純潔。純潔如果無法受到知識強有力的保護，就會隨時隨地處於危險當中。我們的母親是純潔的，我們的妻子是純潔的，但這份純潔並非無知的純潔。無知的最後結果就是不純潔。

很少有家長開始真正意識到，一個孩子的好奇心究竟意味著什麼，在這方面的好奇心如果無法透過正確的引導用健康、道德的方法使之得到滿足會導致什麼樣的後果。眾所周知，每

一個孩子的腦子裡都充滿了對各種事物的疑問點，那麼，讓他們在一個對異性毫無了解的家庭中環境中成長簡直就是匪夷所思。他們的父母生活在一起，弟弟妹妹的出生以及生活中其他一些事情都無法瞞得過他們的眼睛。孩子們並不瞎，有些事情越是故意隱藏，就越容易引起他們的好奇。

男孩和女孩都知道，當他們長到一定年齡後，會因為某種原因分室而眠，這個原因就是他們的性別有著本質上的區別。他們無法理解，為什麼其他所有事情都可以談論，就這方面的事那麼神祕、無人提起，和「性」有關的一切事物都被蒙上了一層神祕的面紗。他們不明白為什麼每次父母被問到這方面的問題，都會變得支支吾吾，臉紅脖子粗，或努力用一些迂迴的方式或編個故事來將話題岔開，或開個玩笑搪塞過去。

如果你們所過的生活是合法的，正常的，如果生命的延續和繁衍是一件合法、神聖的事情，那你為何還會對此感到難為情呢？你的沉默很顯然表達了一件事，就算是世界上最偉大的人也做了不應該做的事，造物主雖然讓我們的身體具備某種必要的器官，但是，他們的功能卻不如其他器官那樣聖潔。

你的這種教育方法無疑是在兩性關係上為孩子們留下了一個錯誤的印象。父母犯下的沉默之罪，加之某些粗俗汙穢的暗示以及孩子們從大街上、學校裡和家庭以外的各種地方所得到的資訊都留給孩子們這樣一個印象：這件事情不僅微妙神奇而且骯髒邪惡。然後他們去了教堂，聽到了牧師的講道，「我們都是罪人」，再將牧師的話與父母在這方面神祕的沉默結合起來後，他們得出了一個結論，有些事情就算是與自己的父母也

第二章　沉默之罪

不應該提起。那麼，隨著男孩逐漸進入青春期和成年期，他就會看到、聽到一些底層社會的墮落現象、一些男子的放蕩生活和其他一些不潔淨的東西。所有這些資訊只能進一步加深他對這件事的神祕感，刺激他對一切和「性」有關的事物產生病態的好奇。

實際上，在「性」問題上成年人所犯的沉默之罪最糟糕的後果就是，他會讓青少年自身的性衝動成為他在這方面的指導老師。他們渴望了解這件神祕而又奇妙的事情，隨著這種慾望的日趨強烈，他們最終會訴諸於各種不合理的來源、不正當的關係、書籍和圖片來滿足自己的渴望，而這些不合理的東西往往攜帶著人性中邪惡的一面。因此，這一切會導致他去聽那些低級的粗俗的暗示，而只有當他在這方面具備了清潔、科學的知識後，他才有能力抵禦一切，鄙視這一切。如果不用正確、健康的方式合理引導、保護孩子，孩子們的想像就會肆意氾濫，就會在毫無察覺的情況下走上邪道。但是，如果孩子受到過適當的指導，他就會有一種本能的抵禦。

在這件神聖而又奇妙的事情上，如果所有的孩子從一開始就接受了正派純潔的指導，那些空氣中瀰漫著人性中病態粗俗的邪惡場所亦將不復存在。

許多年輕人剛開始學醫的時候，對「性」有許多不正常的好奇。但是，當他進入解剖室，開始了解到解剖學和生理學的大量知識時；當他逐漸認知到，具有複雜功能的人類器官是多麼奇妙時，他就會認為，生命中的所蘊含的全部內容竟然是如此的神聖。科學之光將照亮一切，病態的好奇將蕩然無存。一

旦對人類生命的聖潔性有了一個全面的洞悉，所有扭曲的資訊必將失去其誘惑力。

是該用科學的方法對待這個問題的時候了，我們必須讓整個問題光明正大的展示給每個人；是該停止繼續糟蹋婚姻這種人類最為神聖的關係的時候了，我們必須用純潔的資訊取代不純潔的資訊；用科學的事實取代扭曲的知識，那些容易引起病態好奇的知識。我們已經將這個問題在黑暗中藏得太久了，邪惡總是滋生於黑暗中和人們的忽略中，而光明和知識則可將之化解。光明和知識能夠將人類藏汙納垢之地清理乾淨。

對你而言，違背傳統習俗，將人體的結構差別告訴自己的子女也許並非易事，但忽略它卻有可能帶來毀滅性後果。他們的未來取決於在這些被人們視為禁忌的問題上，能否在危險年齡階段得到正確的指導。處在這個年齡階段的孩子們最容易產生邪念，也最需要受到保護，而你日積月累的智慧，以及對人類自身更多的了解則賦予了你保護他們的這種能力。你可以向孩子們講講你年輕時由於無知所犯的錯誤和不幸的經歷，好讓他們從中吸取一些教訓。

前不久，人們就是否應該在公立學校中展開性教育課程問題進開始了討論，我們發現老師們、大學教授們和牧師們都處在反對的陣營中。

哈佛大學的雨果·明斯特伯格[8]教授說，「如果沒有一套完

---

8 雨果·明斯特伯格（Hugo Münsterberg，西元 1863 ～ 1916 年），德裔美國心理學家、作家、教育家，應用心理學的奠基人之一。代表作：《心理學與生活》、《藝術教育的原則》、《心理學與工業效率》等。

第二章　沉默之罪

整的強化機制發揮作用，最純潔的男孩子和女孩子們絕不可能主動想到一切和性相關的事物。我們向孩子們做這方面的指導或許本來是出於抑制的初衷，然而，我們的指導自身將會成為刺激來源，不必要的勾起他們從事不良行為的慾望。」

另一方面，芝加哥公立學校的聯校負責人艾拉·弗拉格·揚[9]女士卻認為，他們在學校展開性教育的嘗試已經增加了女孩子們的自重感，並讓她們知道了自己性別的奇妙性。她們用獲得的知識取代了愚蠢的無知，長期以來，這種無知卻一直被看作是純真。女孩子們也更加自信、自愛，更加珍惜自己的身體了。

不久前，負責淨化學生心靈的部門領導者 E.K. 摩爾（E.K. Mole）先生在國際主日學校協會的常規會議上，提交了一份有關在主日學校展開性衛生教育的報告，這份報告獲得了批准。

摩爾先生說，「如果孩子們的性知識不是在家庭和學校中獲得，就必然會在街頭獲得。沉默是一種犯罪。我們不能再無動於衷了，我們必須將這些科學事實告知他們，並以正確的方式告知他們，只有這樣，知識才能發揮其純潔和正確的力量。

「隨著人們對『性』問題的覺醒，此方面的討論也逐漸增多。鐘擺已經從沉默的一端擺向令人厭惡的廣告宣傳。文學、舞臺劇、報紙、電影都紛紛利用這一話題牟取利潤。人們處心積慮要避免偽裝的低調，這樣做的最終恰恰會將低調真正的門欄衝垮。

9　艾拉·弗拉格·揚（Ella Flagg Young，西元 1845 ～ 1918 年），美國教育家、教育理論家。美國全國教育協會第一位女性主席。

「主日學校所特有的宗教氛圍和虔誠態度最適宜傳遞這種旨在個人淨化的資訊，這是最樸實的宗教策略。」

我認識一個從事自由教育的人，他曾經榮幸的被數所大學聘任為榮譽教師。但長期的自慰行為漸漸將他拖垮，導致他對任何一門重要學科都喪失了原有的判斷能力。於此同時，他也喪失了自己所從事的工作等級和人格尊嚴，數年後，終於淪落為一家大飯店的廁所清理人員。飯店的服務生稱呼他為亨利教授，一半是出於對他的嘲諷，一半則是對他與生俱來的能力表示尊重。在他的精神徹底變得一貧如洗之後，死亡最終為他的職業生涯畫上了句號。他只是在小的時候一不小心染上了壞習慣，幾年之後，這種習慣也隨著他在生活中各方面的進步而升級，這種習慣最終還是將他吞噬，徹底毀滅了他。

許多受過最高等教育的人和具有良好教養的人仍然對「性」這個話題噤若寒蟬，他們甚至不願意就這一話題進行討論，除非是醫療圈子裡展開的討論。家長的緘默為老師帶來了極大的不便，就算老師們覺得能夠很大程度上幫助到孩子們，但是，要不要引進這門課程，他們仍然感到舉棋不定。相反，如果老師們知道家長也很支持，那麼，他們就能夠做出許多工作。然而我堅信，有朝一日，「性」這門學科將會與生物、衛生和倫理方面的知識相結合，被引入我們的學校當中，而且整個科目將會與其他的科目一樣，自然而然，稀鬆平常。這一天終將會到來。我認為，任何一名高等院校的學生，如果他沒能夠對人的自然屬性和性本能的真正意義做出滿意的答卷，他就不應該被給予畢業資格。只有這樣，年輕的男孩子們在未來的

生活中才能夠真正擔當起為人夫、為人父的角色；年輕的女孩子們才能夠出色的為人妻、為人母。

　　美國的一些出色的婦女俱樂部為母親們和老師們提供特定課程，除了具有轟動性的驅除邪惡活動外，他們還不斷的就這個事關整個民族素養的重要問題推出一些宣傳活動。

　　這一運動不僅僅局限於某個地區或國家，它勢不可擋，必將遍布整個文明發達的世界。它必定會撕掉這個社會談性變色、假裝謹慎的假面具，讓少男少女們從一開始就對自己的身體結構有一個純潔、乾淨、科學的了解，這層了解將會保護他們的健康、家園以及未來的家庭。我堅信，這場全世界的性衛生運動定會比現代的任何一場運動為全人類帶來更大的福音。

第三章
「此路危險」

第三章 「此路危險」

未來的生活，將由我們自己來描繪
每一筆歡樂與憂慮，皆出自你我之手
它們決定著未來的畫卷
或陽光燦爛，或陰霾低沉
我們用自己的色彩
織出五彩斑斕的生活
在命運的田野上
我們播種了什麼，必將收穫什麼

—— J.G. 惠蒂埃

真理與謬誤只有一線之隔，真正的智者絕不會在焦躁的時刻做出決策。

—— 西塞羅 [10]

　　一位警察局分局長面對著紐約公立學校的全體畢業生說，「我剛剛從紐約市監獄過來，在那裡，一個富有的謀殺犯被我親手關了進去。年輕人，我想要告訴你們，今天，有 99% 的犯罪都是由於受到了周圍不良環境影響所導致。」

　　近朱者赤，近墨者黑。與粗俗之人為伍會令我們也變得粗俗；諳知邪惡與不道德會令自己麻木，無所謂對，也無所謂錯。我們先是沉默，後是贊同，到最後習以為常。常與邪惡之人往來，自己最終亦將墮落。

---

10 西塞羅（Cicero，西元前 106～西元前 43 年），羅馬共和國晚期的哲學家、政治家、律師、作家和雄辯家。代表作：《論命運》、《論名聲》、《論神性》、《論責任》、《斯多葛悖論》等。

調查顯示，在那些偏離正軌、走上邪路的人當中，相當大的一部分是由於結交了一些不良分子，受到了致命的影響，一步一步走上了下坡路。他十分肯定的說，在工廠中或其他以體力勞動為主的工作單位中，95%的男子或男孩以墮落為榮。

這一番陳述著實令人感到駭然，但比起另外一個調查人員所說的話來，簡直就是小巫見大巫。這位調查人員說，「有75 ～ 80%的男性，早在結婚之前就染上了不同形式的性病。」他還補充道，「這一事實已被醫療權威機構廣泛接受。」

在這樣的情形之下，我們不難想像，年輕人若是結交了不潔淨之人，會有多麼的危險。有些孩子高貴、純潔、被教養得很好。他們是如此的純潔，似乎沒什麼東西能夠將他們玷汙。但是，一旦將他們扔到一個不好的集體中，讓他們接觸到具有傳染性的病原體，他們都會受到影響。這就好比是最新鮮、最紅潤的蘋果一旦接觸到正在腐爛的蘋果，馬上就會受到感染。

那些不潔淨的提議是青少年最大的敵人。不潔淨的想法一旦在思想中產生，就需要有強大的意志力來駕馭由此而來的慾望。所有麻煩均來自於思想，那些不適當的互動對象能夠喚醒被人類所禁忌的慾望，因此，與純潔之人交往、創造一個潔淨、健康的氛圍、閱讀積極向上的文學作品具有迫切的重要性。身邊那些不潔之人會將最強烈的慾望變成看得見的東西，對青少年和純潔的人所處的環境帶來極大的危險性。

一個男孩如果選擇和那些已經敗壞了的、蔑視美德、不求上進、以墮落為榮的人交朋友，他不可避免的也會受到汙染，這是他交友不當的必然後果。一句諺語說得好：「與不好的人

第三章 「此路危險」

打交道會讓你有失禮節。」其實，失去的何止是禮節，更多的是道德。另一方面，如果一個男孩所選擇的朋友是一些乾淨、健康、思想單純的人，是一心想著要成為一個了不起的人、為這個世界做點什麼事的人，是能夠光明正大的介紹給自己的姐姐或母親的人，這樣的孩子定然會朝著高尚、純潔、積極向上的方面發展。

魚找魚，蝦找蝦，物以類聚，人以群分，各式各樣的放縱行為都可以歸類到同一個家族中。一個人一旦在同伴的帶領下沾染了某種不良行為，其他一些不好的事情也會在他身上發生作用。不僅是存在這樣的可能性，而且這幾乎就是可以肯定的。

少年法庭的法官們告訴我們，幾乎每一個男孩子變壞都是從抽菸開始的。雖然我們都知道，生活中無數抽菸的男子同樣也過著潔淨、純潔的生活，然而，男孩子變壞從抽菸開始這的確是一個眾所周知的事實。因為那孩子尚未成熟，所以抽菸為他帶來的道德墮落的危害要遠遠大於對成年人的影響。如果說他在青春發育這段危險期學會了抽菸，就更是如此了，這個時候有些事情已經對他產生了很自然的誘惑，但他應該能夠抵制這一切。雖然抽菸對人造成的有害影響並不像酗酒那般嚴重，但是，尼古丁在某種程度上往往會成為一個契機或開端，將青少年引入酒精、毒品以及性罪惡的深淵。所有的壞事情相互之間似乎都有一定的關聯，所有的放縱、邪惡、犯罪總是手牽手而至，是他們的共性將它們緊密連結在一起。這也正是要改造一個開始墮落的年輕人為何如此之難的原因。同樣，美好、

純潔、乾淨也有共同的東西，如果他受到了好的一類事物的影響，這些東西將帶領著一個人朝著好的方面發展。

有人說「大家都這樣做」這個常見說法是魔鬼的代名詞。生活中無數的悲劇均來源於「大家都這樣做」這一暗示。青少年對自己的同伴有一種病態畏懼，即使心裡明白這樣做是錯的，也不敢拒絕和他們做同樣的事情。「盡量做一個好朋友」、「和其他人做同樣的事情」已經被證明是毀掉一個又一個男孩子的途徑。有多少男孩子不好意思拒絕別人遞給他的香菸、雪茄，或不好意思拒絕別人讓他「少喝一點」，因為他們的同伴認為，不抽菸、不喝酒就不是男人。

對於一個年輕人而言，拒絕向誘惑低頭、斥責不潔淨與粗俗、對低級的暗示和值得質疑的故事表示厭惡或不認可真的需要很大的勇氣。他懼怕來自同伴的嘲笑，但他可曾知道，在道德的支持下，勇敢的對這些東西說「不」才真正是男子漢氣概的表現，這種勇氣甚至能夠讓那些對道德理念不屑一顧、嗤之以鼻之人對你頗為欽佩。

我記得一位年輕人，他被任命擔任一個重要職位，他的幾個年輕朋友為他餞行。在晚宴期間，不斷有人講一些低俗故事，給出一些不太恰當的暗示。幾個年輕人舉杯時，都將祝酒詞送給與自己有不正當關係的女孩們，而輪到這位年輕人開口之時，他舉起酒杯說道：「我為自己的母親乾杯！」他用這種直截了當的駁斥結束了這種無聊的胡鬧。

正如一些行為反常者習慣性的偏愛變味的肉一樣，那麼多的男人偏偏就喜歡變味的故事、書籍、圖片，喜歡低俗的笑

話、包含低級隱喻的話語。他們這種無藥可救之人盡情放縱於淫穢的想像中，一直到自己對美好、純潔、美麗和道德的事物徹底失去了胃口。

當男孩子們不再喜愛和欣賞那些正統潔淨的幽默，卻對著不純潔的故事和粗俗的暗示、笑話發笑時，這絕對是個危險的信號，他們很可能已經在性方面受到了汙染，或者已經有了不良的朋友或成了壞習慣。講不道德故事、放縱於聲色犬馬之中的人正在走下坡路。

喬治・威廉・柴爾斯[11]曾說過，「格蘭特（Ulysses S. Grant）最重要的品格就是純潔。我從未聽到過他表現出一絲一毫輕薄的思想，或有過任何不得體的暗示。我從未聽他說過任何一句無法在女性在場的情況下被重複的話。當格蘭特任總統之時，如果有人提議任命某人，但這個被提議之人有過不潔淨的歷史，那麼，無論頂著多大的壓力，他都不會任命此人。」這位著名的大將軍對低俗的故事給出的響亮回答名留史冊，這樣的例子不勝枚舉。有一次，他在國外的一個城市為美國的紳士們舉行一次晚宴派對，人們的談話不知不覺就轉到了一些讓人微妙的事情上。這時候，他站起身來說道，「先生們，請原諒，看來我得退休了。」

內戰期間的一個晚上，一個軍官進入軍營後，用開玩笑的語氣說，「在場的沒有女士吧？」當時正在看報紙的格蘭特將軍抬起頭來，用有力的目光盯著這位軍官，然後緩慢而意味深長

---

11 喬治・威廉・柴爾斯（George William Childs，西元 1829 ～ 1894 年），美國出版家、報人。《費城公眾細則報》的聯合創辦人之一。

的說道：「是的，這裡沒有女士，但有先生（紳士）。」

　　本性為紳士的男子才是真正的男子漢，他就如同一個淑女一般，不會用低俗的故事和笑話玷汙了自己的嘴唇。他也不會和那些以此為樂，並從低級、粗俗、不道德中尋求刺激的人交往或廝混。

　　常在河邊走的人，不可能不溼鞋。經常與那些不潔淨、貪圖感官享受、好色之人交往的人，絕不可能不受他們的影響和毒害。他們的言行就像一塊發酵的酵頭，極具傳染性。根據暗示法則，人的思想很快就會接受它所熟悉的東西，因此，還沒等你察覺到，你就已經不知不覺與他們同流合汙了。這也是大學生活中年輕人所面對的危險之一，許多年輕人被一些道德上有缺陷，但其他方面卻很優秀很出色、很有吸引力的人或者被那些家境富庶，把學校當作溫床的紈褲子弟們領上了一條錯誤的道路。

　　為了預防在道德上受到不良影響，你就必須盡可能遠離各種誘惑、遠離那些會帶給你不良暗示的人、書籍、圖片、地點。接著，你還要與自己的自控能力勇敢的作爭鬥，這樣就比較容易克制自己的情慾與衝動。時刻訓練自己的自控能力，加強原本很可能薄弱的意志力，不斷與各種不良暗示作爭鬥並不會令你少了什麼。一個思想絕對純潔的年輕人，應該能夠駕馭得了自己的情慾。認為人體分泌物會刺激一個人產生情慾，這種想法是不純潔的。只要一個人沒有想不該想的，身體自然也不會有什麼反應。

　　任何一種不純潔的想法或體驗都會透過思想對影響到整個

身體。一個耽於感官享受的想法必然會造就一個追求感官刺激的、禽獸般的身體。一個進行不良勾當的人自己不會意識到，他正在摧殘自己的身體，荒淫自己的思想。但是，再過一段日子以後，每一個與他接觸到的人都能夠感覺出來，他身上具有一種獸性。沒有人能輕易掩蓋不斷加深的汙點，也沒有人能夠抵擋精神上的摧殘。如果一個人思想上的抵禦能力越來越若，那麼他的情慾就會越來越高漲，等到弱點漸漸積少成多之時，就會引發可怕的道德腐敗與墮落，整個人的身體和道德觀念就會退化。

我們被告知，每一件有價值的東西、每一件讓人們所稱頌的事情、每一件有意義的事情，都是用其他東西換取而來的。我們必須用辛勞換取它，為之付出的努力、做出的犧牲越多，我們的回報也就越多，這一點千真萬確。一個能夠讓自己不受到世界上不良風氣汙染的年輕人，尤其是城市中的年輕人，他必須不停的提防包圍在他四周的陷阱和各種誘惑。

一個露天啤酒店的老闆在他商店的入口處釘了一塊牌子，牌子上寫著「小心油漆！」（Look out! Paint!）四個大字。但是，這個老闆的書寫實在是糟糕，他的大寫「P」看起來就像是大寫的「T」。結果，看到這塊牌子的人通通都將它讀成了「小心腐敗！」（Look out! Taint!）。然而，這塊牌子卻無意中收到了絕妙的警示效果，因為一個人內心受到汙染要比外表沾上油漆危險得多。所以，在進入這樣的場所之前，年輕男孩一定要看仔細，年輕女孩一定要多加小心。有太多的時候，整個生活會在不經意間毀在一個小小的汙染源上，就好比一顆爛掉的蔬菜會

令其周圍的蔬菜腐爛是一樣的。

在巷子裡、在小路上，在城市擁擠的街道上，我們常常看到「此路危險」這樣的標示牌。在生活的道路上，雖然沒有書面形式的警示出現在路邊，但是，我們仍然能夠看到路邊豎起來的警示。在通往邪惡或腐化墮落的街道或大道上、在沙龍和賭博地獄的門前、在聲名狼藉之人的居所中我們都能夠看到這樣的警示信號。在所有被禁忌或質疑的娛樂形式面前，我們也能夠看到這樣的警示信號。

「此路危險」。在那些對這一警告視而不見的人所過的畸形、殘缺的生活中，在那些薄弱、不合格之人出現的失誤和所做的令人喪氣的工作中，我們都能看到這樣的警示；在那些因未嘗留意這一警示之人毀掉的生活、喪失的機會、黯淡的希望中，我們能看到這樣的警示；我們在那些生活不規律、放蕩的人身上，在那些年紀輕輕就失去活力的人身上，都能看到這樣的警示；我們在神經錯亂、腦子生病和失去心智的人身上，能夠看到這樣的警示；在那些不堅定的步伐中、未老先衰的皺紋中，以及那些顯然是因為沒有留心「此路危險」的標示牌而泥足深陷的人身上，我們都能看到這樣的警示。

一定要當心，千萬不能疏忽了人類的本性為我們豎起的這塊警告牌。她將「此路危險」這一警示牌遠遠豎立在正義、諒解、憐憫、甚至愛的前方。

第四章
「與撒旦共舞」

第四章　「與撒旦共舞」

生命，帶給我們悸動
生命，召喚我們的活力
我們的生命，因此而充實　因此而有了生機

—— 阿佛烈・丁尼生

「媽媽，如果我很聽話，如果我做一個好孩子，等我到了天堂後，上帝會讓我和一個小魔鬼一起玩嗎？」

這是一個 5 歲男孩向他的媽媽提出的問題。對於一個學齡兒童來講，生活也許是乏味無聊的，並不像它本來應有的那樣充滿著樂趣。孩子們心中真正的幸福、快樂和自由總是與那個叫做「魔鬼」的東西連結在一起。

我們完全有可能會這樣教育自己的孩子，告訴他們墮落很有吸引力，而美德卻不大討人喜歡。在無數個家庭中，孩子們在一種偽善的氣氛中長大，這種氛圍將孩子的一切天性與本能都拒之門外。這種教育方式不僅不受孩子們的歡迎，而且還會導致孩子們對那些企圖灌輸給他們的理念產生牴觸心理。

正如火花注定是向上的一般，人類這種容易走向墮落的傾向不僅僅會表現在孩子身上。在所有人類的本能中，似乎都有一種奇怪的，有悖常理的東西，這種本能常常驅使我們明知故犯，做出一些明知不好，甚至對自己有害的事情來。正是在這種看似不可抗拒的本能強力的驅使下，許多站在懸崖邊的上的人才會不顧一切，縱身躍下。有一次，一位受過高等教育、道德高尚、成熟的女士在法國的宮廷裡手裡舉起一杯純水，杯中之水在燈光的照耀下，閃爍著晶瑩的光芒。她說，「這世上若

只有喝純淨水是件壞事，那該多好啊！」

　　有人說，人應該靠自己的力量戰勝各種不良傾向和想法。無論這種說法多麼正確，也都是空談。讓那些出色的克服了這些弱點的人去幫助其他人遠離懸崖，是每個人義不容辭的責任。

　　你不能讓孩子從小只感受到宗教表面上的那種正義凜然，對於孩子們來說，宗教，任何一種宗教的本質都應該是愉快、歡樂、活躍、輕快、樂觀的生活。神學不會吸引孩子們，但生活會，大自然會，造物主賜予我們的一切美好的事物會。我們要用這些事物的美好來充實孩子們的心靈。

　　一個快樂的孩子情不自禁的脫口而出，「我開心極了，除了長大，再沒有比這更開心的了。」

　　按照常理來說，最快樂的孩子不僅能夠成為一個樂觀向上的人，而且還能夠成為這個社會上最有用的人。我們無法給予孩子們太多真正的樂趣、太多心中的關愛、太多的愛。孩子們在這些東西的陪伴下茁壯成長，這些東西是孩子們必不可少的食物，而家庭正是孩子們獲取這些東西的首要來源。

　　然而，在許多家庭中，孩子們卻缺乏父母的關愛，同樣也缺乏樂趣。他們得不到鼓勵，相反，喜愛玩耍的本性卻不斷受到壓制。在家裡，他們感覺不到樂趣，感覺不到父母的愛，他們自然而然就會在別處尋找這些東西。我認識一個男孩，他變壞的原因是當警察的父母對他的管教過於嚴厲。除了不讓孩子們在家裡自由玩耍、盡情玩樂外，他們還生怕自己的孩子和壞孩子接觸，學會一些壞習氣，於是，就將孩子們鎖在家裡，或

只允許他們在院子裡玩。最後，小孩子們學會了反抗，一有機會就跑出去尋找「能夠一起玩耍的小魔鬼」。正因為他們被剝奪了每個正常孩子都需要的自我表現的機會，所以，他們不僅僅是找了一個小魔鬼，而是找了許多個小魔鬼一起玩耍！

錯誤的事情對於人類來說，總有某種神祕的、微妙的吸引力，這種現象是無法解釋的。這些東西尤其吸引那些受到壓制或被父母和監護人看得太死、管得太嚴的孩子們。約束反而更刺激了他們的好奇心，他們會不停的想要看看，這些被禁止的東西到底是個什麼樣。

如果給孩子們一個通氣口，讓他們表現一下來自天性中的那種快樂和開心，如果孩子們沒有不斷受到「這也不許，那也不許」的限制，沒有被剝奪正當的、本應屬於他們的權利，那麼，他們就不會受到一些被禁事物的吸引，他們定然會成長得更加茁壯，成為有用的人才，而不是成為一個個隱忍的、愁眉苦臉的、腐化墮落的人。那些受到鼓勵，將自己玩耍的天性自由表現出來的孩子，整體來講不僅僅會成為更正常的人，還會成為更好的商人、更好的專業人才、更好的市民。歡樂和愉快是最好的顯影劑，能夠將孩子們最豐富的資源展示出來，培養我們正義的力量。

只有自我表現才能讓一個人在道德、精神和身體上得到全面的發展。如果一個人不停的受到壓制，他的各種能力也必將遭到扼殺，他的道德本性同樣也會受到折磨。壓制會制約一個人的發展，造成停滯不前的後果，這對孩子產生的影響要遠大於對其他任何人。必須要給孩子們自由，讓他們有自由表現自

己的感覺，否則，思想就不會呈現出最活躍的狀態，身體發育就會變得遲緩，整個人就會貧瘠枯竭。

　　一個住在貧民窟的窮苦男孩被帶到了另一個男孩農場上的家中。這個男孩長這麼大，總是聽到別人說自己什麼都做不好，於是，就對其他男孩們說，「我什麼都不知道，我的父母總對我說，我不是什麼大人物，也永遠成不了大人物。」

　　醫生告訴我們，許多遭受著性慾折磨的年輕人常常是因為缺乏適當的身體鍛鍊和娛樂方式所導致。那些類似於這個少年的，沒有童年、長大是為了勞動、生活中沒有任何娛樂、自己天性中熱愛快樂的一面得不到宣洩的人，要比那些這方面天性得到釋放的人更容易陷入惡劣的性行為習慣。

　　要想讓一個人在「性」這一方面時刻處於健康、正常的狀態，幫助最大的就是能夠盡情玩耍和進行充滿活力的體育運動，比如說拳擊、摔跤、足球、棒球、划船、跑步等等。所有這些事情都是十分適合男孩子的，能夠為他們充沛的精力找到一個健康的發洩出路。這一點至關重要，尤其是對於那些12～20歲之間的男孩子們。

　　與好的玩伴一起從事大量有益和健康的戶外體育活動的男孩，帶著健康的疲憊回到家裡，頭剛碰到枕頭就睡著的男孩，以及那些早晨醒來後立刻起床的男孩最不容易成為壞習慣的受害者。

　　如果一個年輕人擁有完整的自我表達；如果一個年輕人擁有符合自己天性的娛樂和遊戲方式；如果他能夠心滿意足的投入到戶外活動中，那麼，他就不會存在因渴望受到壓抑而去尋

第四章　「與撒旦共舞」

找其他不良發洩途徑的危險。但是，如果他受到了限制，普通的戶外活動鍛鍊受到禁止，或被緊緊關在家裡，此時他的一些不正常興趣就會取代而來。這個時候，那些未經過正確引導不知道如何自控的孩子常常會成為邪惡教唆和誘惑的犧牲品。

被抑制的慾望和熱情往往就像是一座火山，出口一旦被堵，定然會在別處爆發。

許多年輕人為何會做錯事的一個原因，就是因為他們沒有被給予一個適當的途徑來發洩自己被壓抑的精力，他們的活動範圍太有限了。他們沒有理所當然的童年，沒有足夠的樂趣，沒有足夠的浪漫，他們的家庭太嚴肅了。

媽媽們通常會被女兒突如其來的墮落驚得不知所措。她們或和人私奔，或走上墮落之路。在母親看來，這突如其來的錯誤太讓人難以接受了，但我們卻注意到，那些家規極為嚴厲的家庭中，發生這種事情的機率最高。在這種家庭環境下，女孩子們在各方面都被過分呵護，過分保護，被打壓、被抑制，被限制。這樣的生活對於一個健康、活潑的女孩來說是不正常的，她們無限的精力必須要得到釋放。如果不允許她們透過自然的途徑釋放自己的精力，那麼，她們就難免就會朝著難以預見的、不幸的方向去發展。如果這些女孩子們曾擁有更多的自由，如果她們被賦予了更多的責任，行為受到了更多的指導，她們定然會形成自己的個性，會有更強大的意志力，會有更好的判斷力和道德素養。讓一個女孩從小在玻璃瓶子裡長大，不承受半點風雨，也不允許她自由表現，這是極不公正的。在這樣的環境下長大的女孩很容易受到心術不正的男子的影響，成

為他們的獵物。

在正確的培養和教育下，女孩子們應該是強壯、充滿活力的，是自強自信的，是有獨立判斷能力的，是在每個成長階段都獨立的。那些性格柔弱，一直以來都受到過度保護和過分看管的女孩，當她們到達了法定年齡，獲得了一定自由後，很有可能會做出各種致命的危險舉動來。

和其他任何事情一樣，「快樂產生最好結果」這一效應同樣也適用於培養和教育孩子方面。但是，給孩子太多的自由和活動範圍和給得太少都是有害的，這種情況和其他情況沒什麼兩樣，最後會導致同樣不良的後果。

然而，對於那些照看和教育孩子的人而言，最為重要的是要記住，年輕人身上有種不可思議的力量，這種力量如果沒有經過合理的引導，使它流入有用的、有幫助的管道，那麼，它將變成一種危險物質。許多父母並不完全欣賞孩子們身上這種被壓制的強大能量，也沒有意識到，如果沒有一個合理的管道去讓它得以發洩，它必然會去尋找一個不合理的管道進行發洩。

一切過分嚴厲的父母時刻觀察著自己的孩子，陪伴著孩子，透過這種方法讓墮落的不良影響遠離自己的孩子。然而他們卻犯了一個錯誤，遏制他們對浪漫的渴望而不是將它引向正確的管道往往會造成孩子缺乏想像力。

所有正常的孩子思想裡都存在許多浪漫的想法和愛的熱情，如果這些東西被遏制，被扼殺，那麼，他們天性中相對應的一個部分也必然會失去作用。任何不去使用的功能都會衰

退、萎縮，我們也會因此而變得少了許多自然。

　　幾乎沒有什麼父母能夠意識到戀愛能對年輕人的生活造成多大的影響。對於一個孩子來說，玩耍、做夢、戀愛幾乎和呼吸一樣自然，這是他們正常的表現方式。

　　令人感到震驚的是，有多少不富裕的年輕人甚至孩子喜歡去算命，去看手相。許多看相的術士都和暗娼有關係。他們為漂亮的女孩指引道路，告訴她們哪裡有財富，哪裡有帥氣的丈夫，哪裡有奢華的生活。他們漸漸將魔爪伸向女孩，將她們引入圈套，讓她們走上一條不歸路。

　　糾紛解決部門的一位主管講了一個故事。一個看手相的人告訴一位工作很努力的女孩，說她很快就會擁有鑽石和各種奢侈品。此後，她接受了一位曾對她有不良企圖的男子送給她的一枚鑽石戒指，然而此前，她對此卻一直持抵制態度。

　　透過這種方式，許多年輕女孩都被教壞。就這樣，她們一面抱著冒險、尋求渴望已久的浪漫的態度，一面過上了邪惡墮落的生活。

　　常規的習慣、充足的睡眠，戶外寢室是最美的寢室、新鮮的空氣、幸福的家庭生活，家是如此令人愉快、和諧、美麗，每一個孩子都認為它是世界上最好的地方。所有這一切對於打造一個純潔、高貴的生活都有極大的影響力。今天，這樣的影響力是非常必要的，因為所有美國人的生活都處在一種危險的刺激當中，年輕人都處在過度興奮的狀態中。

　　在過去，男孩子們都是在這樣一種思想下長大的，他們認

為，對於女孩子來講，不純潔是難以饒恕的罪過，而對於男孩子則不必受到懲罰。拜這種觀念所賜，處在青春期危險時段的男孩子實際上比女孩子需要更多的特別關注，我們要為他們的健康著想，引導他們積極向上。

因此，我們要密切關注發育期男孩發生的變化。如果一個男孩在一段時期突然之間變得害羞或孤僻，變得和家人疏遠，或變得喜歡獨處，尤其是當他有了不太自然的興趣時，作家長的或作監護人的就需要多加注意了。

濫用性功能會對神經系統帶來嚴重的影響，它會讓神經退化，敏感度降低。同時，它還會對人的精神和道德帶來消極的影響。性本能或性功能發生錯亂尤其會令人退化，會讓一個人的全部天性降級。

我們常常為發育期男孩子性格或外表上的改變而吃驚，他們整個人變得粗獷、不討人喜愛。粗枝大葉的父母試圖用快速生長發育來解釋孩子在性格和外貌上的這些重大變化，而真相往往是這些孩子在性方面染上了不良習氣，因為，一個人的天性受到玷汙後，生命中那種特定的純真與美麗也會隨之而去，不復存在。

在這段特殊的危險時期，男孩子們在飲食方面應該得到更多的關注。肉類、辛辣調味品、香腸，所有能夠引起情慾的東西都應被禁止，尤其是晚餐。盡可能避免會影響到睡眠的食物，還應該教育男孩子們，讓他們養成早晨一醒來就起床的習慣。

如果所有的孩子都能夠將肉類放在午餐當中，晚餐吃得清

淡一些，比如玉米麵包和牛奶，他們將有一個甜美、安詳的睡眠。不要讓孩子因為吃了油膩食物，尤其是帶有辛辣調味汁的肉食而產生興奮和不安。太過豐富、花樣太過複雜的飲食並不適合年輕人，而父母在讓孩子們吃這些東西的時候，根本就沒有意識到這樣做是在冒什麼樣的風險。

我認識許多家庭，這些家庭中的孩子們不僅可以在晚餐中盡情的吃肉、香腸、以及各式各樣的辛香調味料，而且還可以一直吃到很晚，一直吃到上床睡覺為止。這些孩子們不僅神經紊亂，易怒，而且皮膚上布滿色斑。此外，他們還可以在夜裡自由出入許多地方，比如劇院、舞廳以及其他娛樂場所。一般來講，他們都會比應有的時間晚睡兩到三個小時。簡而言之，他們得到的教育只能加速他們性本能的發育，讓他們提前而不是推後進入青春發育階段。

父母忽視孩子的「性」問題，在孩子的飲食、鍛鍊和娛樂等問題上粗枝大葉或置之不顧，這種做法為他們的孩子，尤其是將近青春發育期的孩子帶來了諸多麻煩，有數以百萬的男孩子和女孩子們遭遇到了這種人為的痛苦和悲慘。

每一個健康的年輕人都有一個要在生活中勝出的理想，一個要成為優秀的人，立志要有所成就的理想。或許他還沒有想好具體該怎樣做，但是他已經在整體上為自己確立了目標，他要成為一個有作為的人。如果他沒有達到自己的理想，那麼，只能說明在他的教育中存在一定的失誤，或他的成長環境裡有不利的因素。

一個正常的男孩通常不會故意去計劃養成什麼壞習慣、或

去做一些嚴重損害自己能力，無法讓自己為這個世界貢獻力量的事情，他們養成這種習慣，或做出這些事情是出於無知。

如果你們這些為人父母的能夠幫助到自己的兒子，使他們明白什麼是自己用來獲得成功和幸福生活的本錢；如果你們能夠告訴他們，他們的本錢就是他們的健康，而健康則來源於他們的食物、鍛鍊、娛樂放鬆以及珍愛自己的身體；如果你能夠為他們指出來，創造幸福生活的可能性取決於他們的勇氣、他們的志向、他們的抱負、他們的理念、他們的決心、他們不斷的勤奮努力、他們的毅力、他們的創造力、他們的自信心；如果你能告訴他們，關愛自己的健康或無視自己的健康很大程度上能夠增強或削弱以上這些因素，你將會發現，任何一個正常的男孩都不會故意將自己生命中最寶貴的本錢上手奉送給那些壞習慣。沒有哪個教養良好、受到過適當教育的男孩子會不斷浪費自己的活力，將自己寶貴的生命力揮霍在任何一種放蕩行為中。

隨著文明不斷發展，為生活而打拚的勢頭也越演越烈。隨著物質生活水準的不斷提升，隨著安逸與奢侈的不斷升級，能將高貴的精神擊垮的危險與誘惑也呈現出水漲船高之勢。當孩子離開家，獨自踏上生活的旅程時，你無法預測自己的孩子將會陷入什麼樣的危險。

實際上，在年輕男女的生活中，最危險的階段就是在離開學校和進入工作單位之間的這一段時期。因為當他們離開學校後，自己也並不知道自己最適合做什麼，在找到最適合他們的工作之前，他們四處瞎逛，通常一逛就是幾個月，甚至幾年。

第四章 「與撒旦共舞」

如果國家對每一所學校的每一個孩子都能像有朝一日那樣，提供適當的職業教育，這種間隔將會大大減少。就是在離開學校，等待工作的這段時期內，有成千上萬的年輕人走上了墮落的道路。由於沒有經過專門的職業訓練，也不十分清楚自己究竟適合什麼樣的工作，所以，在他們需要經歷很長一段時間後，方可固定下來。也正是在這段空檔內，他們最容易被各種不良誘惑拉下水，最終走向毀滅。

一些存在問題的工作職位也是對正在成長的年輕男女造成道德威脅的原因。僅在數年之前，一起事件的曝光引發了全國上下的轟動與議論。這起事件由被迫在夜間為暗娼送郵件的信使引出，讓我們看到了道德腐化對人們帶來的影響。許許多多很不錯的年輕人因距離墮落太近而走向墮落。許許多多過著雙重生活的企業家僱用信使為他們祕密傳遞資訊、鮮花、禮物到這些場所。有時，他們被派往城市裡更好的區域，明著是去光明正大的地方，暗地裡卻被叫到最邪惡的場所，去取酒或毒品。

雖然電報公司已經為阻止這種邪惡做出了很大的努力，但是，將夜間信使法定年齡提高到 21 歲的僅僅有紐約、威斯康辛等幾個州。

據我所知，就有許多起這樣的事件，一些很優秀的男孩因耶誕節或其他一些機會偶然進入信使行業，在被派往地下場所為暗娼送信件的過程中耳濡目染，最終毀於一旦。他們被派往那裡，接觸到了以前生活中一無所知的東西，加之父母在此之前從未給過這方面的教育和指導，也沒有預先敲過警鐘，

父母在性問題上一直守口如瓶，這樣一來，他們輕而易舉就變成了邪惡和無知的受害者。如果這些男孩子們在這方面接受過適當的教育，已經面對過這些問題，已經被警告過性濫用或性罪惡所導致的可怕結果，那麼，他們可能就會免於這種不幸的經歷。

一位著名的糾紛解決工作者透露，有多少原本有著良好道德初衷的年輕人，由於受到了在暗娼處所工作的室友的影響，接受了一切自由意志的觀念，結果被帶入了邪惡、墮落的生活。她說，通常他們會接受一美元或更多的小費，然後被派去買古柯鹼、嗎啡或其他一些毒品，或者是去買冰淇淋、蛋糕或甜點。有許多信使熟悉了這些邪惡後，一步步墮落，最終變成了「白奴販子」。

大多數在性方面失去純潔或遭遇到不幸的年輕人，他們之所以泥足深陷，完全是由於無知。他們並不知道這樣做意味著什麼，就像大多數做錯事情的女孩一樣，她們對自己的所作所為完全一無所知。人們不會自願去碰上那些明知會毀了自己的事，他們只不過是無知，他們只不過只沒有好好受過教育。

第五章
走私精神毒物

第五章　走私精神毒物

仁慈的上帝啊，請賜予我一顆美麗的心靈。

──蘇格拉底

胸襟坦蕩之人
總能做到不偏不倚　盡享光明與溫暖

──約翰·米爾頓

人們常說，偉大的作家常因不斷喚起讀者腦海中的想像而著名。的確如此，但不幸的是有那麼一群作者，他們有害的作品除了能勾起年輕人放蕩的想像外，沒有任何意義，這樣的作者，不配此榮譽。

英語語言中最危險的作者，是那些能夠很巧妙的從側面描述並渲染男女之間的風流韻事，給予人無限遐想，卻從不肯直接說出的人。如果一個作者一語道破天機，無異於自討沒趣。它就像是一個公開對我們展開攻擊的敵人，卻又留給我們防禦的機會。但是色情，它卻是一個外表美麗，富有誘惑力，實則奸詐無比的朋友，在花園裡輕輕撫摸你，然後遞上一枝芬芳四溢，卻散發著毒氣的花朵，在悄然間將我們毀滅。

如果那些暗示小說作者在小說中所呈現的，充滿誘惑力的「性」被說明性的語言揭開了面紗，那麼，所有這些文字中，沒有一個是汙穢的。如果這些作者能夠看到他們的文字對人類犯下的滔天大罪，看到無數出色女孩在他們一頁頁文字的帶領下走向毀滅，看到無數優秀的男孩因此而導致性濫用、性汙染以及其他一些性罪惡；如果作者看到這幅悲慘的場面，就算沒

有心臟病突發而亡，至少也會自我流放到一個遙遠的地方，從此再也看不到這些被他毀掉的年輕人。

還有另外一類作者也在探討「性」問題，但他們似乎著眼於該如何揭露陰暗汙穢的一面，曝光一些骯髒的場所，告訴人們，這一切是骯髒的、危險的。一些人利用提高社會道德意識運動，來對毀掉無數年輕人的賣淫場所做一些不必要的描述和寫照。這些人全面生動的對妓院和賭場的內部情形做了毫無必要的描繪，因此，他們這種行為弊端大於利處。他們似乎認為，透過這些花俏的描寫，再加上幾條道德準則，就會為這種不體面的誘惑和邪惡的暗示找到一個藉口。他們並沒有努力給出年輕人一個潔淨、美好、健康的，與「性」有關的理念，而是為了增加其發行量，幾乎採用了不正當的、被禁止的卻規避了法律的方式去展開描寫。就像許多法國作者一樣，文風徘徊在低俗化的邊緣，只要不越界，不遭到封殺，無法出版或透過郵件發行即可。他們當中有許多人十分具有旁敲側擊、含沙射影的才能，他們實際上並不用文字直接表達，這些暗示性的語言好比一層紗，絕對比直接表達危害更大，因為它會刺激一個人不健康的好奇心，為人們病態的想像加油添醋。

一位敏感的婦女最近在談到這種已經提交到審查機構的，不僅出現在書籍中，而且還出現在一些期刊中的，不道德的汙穢內容時，義憤填膺的說道，這簡直就是在「在警衛的眼皮底下偷運毒藥」。

不幸的是，許許多多肆無忌憚從事低俗暗示活動的作者卻仍然能夠偷偷的開闢自己的道路。他們的產物悄然來到家庭

第五章　走私精神毒物

裡，被擺在了圖書館的書架上，因此這些印刷文字就對那些思想尚未成型，但卻十分活躍好奇的孩子們造成了最難以言狀的威脅。

許多劇作家和劇院經理，以及一些小說雜誌文章作者也發現，迎合人們病態的性慾望是一件利潤可觀的事情。在一些戲劇和電影的圖片的展示中，我們同樣也可以看到帶有這種最糟糕文學形式取向的趨勢。劇作家和劇院經理總是將一些瀕於違法邊緣的問題劇碼呈現給讀者和觀眾，這些描寫簡直就是社會最危險的敵人，所帶來的危害是無限的。這些作者將人類道德中汙穢不堪的一面拖到大眾面前，卻打著為加強和提高性教育提供補充資料的幌子為自己嘶聲辯護。

藝術領域中也存在同樣的問題。許多心術不正的圖片攝影藝術家，就是靠著在這些違禁領域的邊緣地帶打擦邊球而名利雙收。

所有這一切對於正處於成長發育期的青少年來講，無論從神經系統方面還是從道德方面，都會造成嚴重的危害，所以父母應該盡最大力量來反對這些東西，不僅要盤查孩子們經常出入的玩耍遊樂場所，而且還要檢查孩子們的讀物和那些以刺激感官為主，描繪渲染各種社會醜聞的小報。這些小報對陰謀離婚、謀殺、自殺和一些常見的社會犯罪報導做出令人作嘔的詳盡描述，而許多少男少女們卻讀得津津有味。

我們為那些因色情文學、圖片和帶有不良暗示的劇碼而引發的一齣齣悲劇深感遺憾，我們絕不能將這些東西購買回家，對於那些作者和出版商而言，他們應該遭到大眾的唾罵，應該

受到一切體面人物的排斥。

霍桑說過，「讓想像保持純潔是我們與天堂交流的最佳途徑。」

蘇利文・梅西（A. Sullivan Macy）夫人在盲人作家海倫凱勒接受教育期間一直充當著她的眼睛、耳朵和雙手。她曾經說過，至少在某種程度上，失明對這個優秀的女孩來說是件好事，因為，她會因此而無緣於那些滿世界飛舞的垃圾小報，不必受到當今四處氾濫的各種低級的、輕率的、毫無意義的期刊文章和大量色情書籍和愚蠢淺薄的「文學」的誘惑。也許應該感謝這種先天缺陷，她的所有閱讀內容都是經過精挑細選的，時間對她來說無比珍貴，根本不允許將它浪費在問題小說和那些討論汙穢、不道德之事的讀物上。她的思想從來都沒有受到過任何不純潔暗示的玷汙，也沒有接觸過任何不良圖片。由於不斷受到高尚理念的激勵，她的想像總是那麼純潔乾淨。她所熟悉的文學都是由一流的作家所創作的，最具建設性、對人最有幫助、最積極向上的作品。她避免了由性汙染所導致的萎靡不振，這種汙染不僅毒害了當今人們的耳朵、眼睛而且還毒害了他們的思想。

童年是人生中接受故事的年齡。純潔的故事會讓正處於生長階段的孩子感到快樂並受到啟發，人們也用不著在文學的選擇問題上大費周折。在各大城市圖書館中舉行的講故事運動可謂我們教育系統中的最令人寬慰的盛事。它將世界文學中最優秀的作品介紹給兒童，為他們的生活和行為舉止樹立起了一個又一個崇高的榜樣。如果所有的父母都有時間或有這個教育程

第五章　走私精神毒物

度向孩子講故事，這將成為訓練孩子想像力或為他們的思想中灌輸一些純潔高尚理念的最好途徑。

不論你做什麼，但你千萬不要讓孩子去閱讀刺激或毫無價值的小說、血腥恐怖的故事或低級粗俗的小說，也不能讓孩子去參加各種色情圖片展或去看一些不適合他們的戲劇。尤其不能讓男孩子去那些容易引起不良聯想的娛樂場所。有許多雜耍表演的娛樂節目以及圖片展示都為男孩子天真純潔的想像力帶來不好的影響。當人們允許自己的孩子，不管是男孩還是女孩去看各種演出，參加各種舞會，一直待到很晚，去做一些對成年人來講都很難把持的危險事情時，他們或許根本就沒有意識到自己在做什麼。

如果政府能夠幫助那些無所謂的、漠不關心的、或沒有能力的父母來適當監管那些正處於青春發育期的未成年人，讓他們遠離低級粗俗的對話、汙穢的圖片以及那些雖然沒有一個不合適的詞，但很明顯卻很低級，能夠令人產生不良聯想的書籍，那麼，我們整個國家的全民道德素養將會有一個難以估量的提高，低俗的事物將會被大幅度消滅。

如果年輕人能夠意識到，思想裡產生不純潔的念頭，哪怕只有一點點，是件多麼可怕的一件事啊，那麼，他們將永遠不會去閱讀那些字裡行間透出的資訊令人噁心得要死的文章，也不會去看那些有傷風化的圖片。

在人類所有的經驗中，最令人感到不解的事情之一是對有害事物的難以抵制、難以克服和難以擺脫。邪惡的故事，粗俗下流的笑話，低級的暗示總是不脛而走，傳遍整個大陸，甚至

還能越過大洋，到達彼岸的國度。而好的事情，能夠激勵人們向上的東西卻傳播得比蝸牛還慢。流言蜚語如同野火，能在短時間內席捲整個社會，而我們周圍所發生的好人好事卻傳播得很慢。

有人說大腦這部留聲機能夠原原本本的不斷重現那些壞的、不潔淨的故事，一直到生命的最後一刻。我們的許多大主教和傑出的牧師們都對一個事實供認不諱，在他們最神聖的時刻，比如說舉行宗教儀式，甚至在葬禮上布道的時候，童年時期曾經看到或聽到的一些不好的事情卻總是原封不動的在腦海裡浮現。一位很出名的牧師告訴我，當他還是個孩子時候，有人在他眼前展示了一本淫穢書籍。雖然他只看了片刻工夫，但是，在他以後的日子裡，他寧願砍掉自己的右手來換取將這一切徹底從腦海裡抹掉。

偉大的藝術家彼得‧萊利爵士 [12] 拒絕看任何一幅差勁或次等的畫像，他聲稱，這將影響到他的標準，毀損他的理念。

約翰‧喬治‧高福 [13] 說，「如果我能夠忘掉從墮落的同事那裡所獲知的一切，如果我能夠將我目睹過的場面，在我面前所發生過的一切從記憶裡撕掉，我願意砍掉自己的右手。」

---

12 彼得‧萊利爵士（Sir Peter Lely，西元 1618 ～ 1680 年），荷蘭裔英國畫家。他於西元 1641 年到達倫敦，早期的繪畫多是神話及宗教題材，受到安東尼‧范戴克（Anthony van Dyck）和荷蘭巴洛克畫派的影響。曾任查理一世時期的繪畫助理，後又為克倫威爾（Cromwell）父子服務。西元 1660 年查理二世復辟後，又再度成為御用畫家。西元 1662 年加入了英國籍。

13 約翰‧喬治‧高福（John George Gough，西元 1848 ～ 1907 年），澳洲政治家、新南威爾斯勞工黨的創始人之一。

第五章　走私精神毒物

目前，人們尚且無法解釋為何汙穢的記憶總是如此陰魂不散，難以擺脫，也正因為如此，讓這些東西遠離每一個孩子，以防侵入孩子們的思想，避免任何形式的低俗才顯得如此重要，因為這將對他們的未來產生異乎尋常的重要意義。

費城的一位市長曾經說過，如果他能夠禁止在各種劇院上演不良劇碼，禁止低俗書籍出版，那麼來年監獄中新增的男性罪犯數量將減少三分之二。英國的一位政府官員聲稱，幾乎所有被帶到法庭上的男性年輕罪犯都是從閱讀淫穢書刊開始走向墮落。

也許會存在這樣一種可能性，今天監獄中的各類罪犯如果從小閱讀的是完全不同的書籍，那麼，他們今天的命運也很可能會截然不同。在年輕人的思想個性極具可塑性的時候，如果透過各種邪惡書籍或任何形式的低俗暗示對他們的思想造成毒害，那麼，由此而帶給他們的損害是誰都無法估量的。

比起思想上的傷害來，肉體上的傷害根本就算不了什麼，因為思想上的傷害幾乎不可能完全癒合。身體上的致殘相對於思想上的致殘而言，簡直就是小菜一碟。來自不良書籍、不良圖片、或不良劇碼的醜陋的想像，邪惡的暗示，就算它們沒有毀掉我們的事業，也會終身縈繞在我們的腦海，在精神上折磨著我們。宗教本身是不斷宣揚美德的精神力量，但是，它對於印在一個年輕腦海裡的汙穢場面，卻顯得蒼白無力。

有一個故事講的是倫敦的一個大主教，他在年輕時候由於好奇心發作，而去看了一些同伴之間互相傳看的不道德的、見不得人的圖片。許多年後，他升到了大主教的位置，有一天他

要去做一次關於「純潔」的講道，結果，他在大學時期看過的那些不堪入目的圖片不停的從腦海裡跳出來折磨著他，管他叫「偽君子」。他深切哀嘆自己年輕時候的好奇心，徒勞的希望當時的自己能夠擁有自己後來所具備的知識，這些知識能給予人免疫力，從而有效抵制對偷窺不良事物的誘惑。

　　無意中瞥了一眼粗俗低級的圖片就足以在一個人腦海裡留下難以磨滅的印象。雖說一個人的生活態度、世界觀和生活目標都可能會不斷發生改變或徹底改變，但是留在他腦海裡那醜陋的一幕和汙穢的暗示卻極有可能從年輕到年老，一直伴隨他終身。它們會在生命中最神聖的時刻將記憶裡的某一段呈現在你眼前，縱使歲月流逝，它們卻絲毫不減當初的色彩與生動，其巧妙的暗示含義也絲毫不減當初的微妙。就算有成千上萬有用的東西被日漸淡忘，它們卻仍然安然無恙，甚至當我們在學校所學的知識忘掉一大半時，它們仍然是那麼記憶深刻。這些純潔的天敵似乎在公然藐視生命中一切神聖的東西。化學家告訴我們，紅斑僅僅是無法漂白的色素。目前還沒有任何已知的化學物質可以去除它。所以，如果一個思想聖潔的作家希望突出上帝的諒解、上帝的仁愛所具有的力量之時，他會說，「即使你所犯的罪孽猶如鮮紅的瘢痕，它也會令你潔白如羊毛。」只有上帝萬能的力量才能將一個人思想中的骯髒之物祛除，只有上帝的神聖之愛才能夠淨化邪惡與罪惡。

　　然而，令我感到萬分遺憾的是，有許多牧師卻認為自己必須親自到那些問題場所，必須親臨城市中的罪惡之穴，親自進入淫窟，只有這樣才能親眼看到邪惡那令人作嘔的一面，以便

用來斥責它們，改變它們。

　　有無數這樣的人，他們在身體上嚴格恪守道德規範，潔身自好，從不肯錯過一次晨浴。但他們卻允許自己在精神上放縱，持久沉溺於墮落，沉溺於視覺上的罪惡，這些人在精神上倒是從不沐浴。這些人從外表上看來，都過著道德體面的生活，他們既不酗酒也不去不良場所，不會使用那些褻瀆神靈的語言，在任何方面都不會跨越禮儀規範半步，但他們的精神生活卻永遠是罪惡的。他們對自己的身體道德一絲不苟，極為整潔，然而他們的精神食糧卻是那些最低級的色情圖片和劇碼，手裡捧讀的是所能找到的最下流的文學。他們並沒有認知到，思想上吸收這些汙穢東西，要比身體上附著了汙穢東西糟糕幾千倍。與精神和道德的骯髒相比較，身體的骯髒無足掛齒，精神的汙點猶如發酵的酵頭，不讓人從頭到腳產生變化絕不甘休。

　　實際上，純潔的思想與健康的身體有著直接的關係。道德腐敗是非正常現象，它不僅有害於身體，衰退一個人的健康，同樣也能讓人的精神、身體和思想萎靡不振。

　　一個人如果無法在思想上保持純潔，那麼他的血液中也無法保持純潔。如果他滿腦子裝的都是些不健康的東西，如果那些違禁圖片不停輸入他的想像，那麼他的血液也會隨之受到損傷。無人能夠預估得到墮落和染疾的精神狀態究竟會對整個生命招致多大的禍端。

　　人的想像或許正是各種邪惡事物得以傳染的根源。讓它保持理性、純潔和健康，你將跨上塑造高尚人格最為關鍵的一

個臺階。我發現，粗俗的故事、低級的暗示、不堪入目的圖片以及不純思想的射影，這些都會引起在這方面受過嚴肅教育的孩子們的反感。我們應該教育每一個孩子，讓他們能夠抵制那些不純的、低俗的、以及一切下流的提議，讓這些東西不僅無法吸引他們反而會引起他們的反感，那麼，孩子們將具備一定的免疫力，從而能夠抵制呈現在他們面前的任何形式的不良資訊。

將低級汙穢的書籍放在家中孩子們能夠找得到的地方，是最危險也是最殘酷的事情。這對一個孩子是否保持純潔無暇，將來是否能夠擁有幸福生活至關重要。

純潔的思想對於一個年輕人意味著什麼，它將對一個人的事業產生什麼樣的影響，我們簡直無法想像。如果我們剝奪了一個年輕人令他積極向上的書籍，那麼他的個性和成功將必然大打折扣。譬如說，如果林肯在少年時期閱讀的是一些庸俗不堪的小說和黃色文學，而不是《聖經》、普魯塔克 [14] 的《希臘羅馬名人傳》、華盛頓、富蘭克林等一些偉人的自傳、《伊索寓言》、《魯賓遜漂流記》以及其他一些鼓舞人心、有助於塑造個性的作品，那麼，誰也很難說他的生活和個性會是什麼樣子，美國的歷史又會是什麼樣？

我們的現代文學中，竟然有這麼大的一部分作品熱衷於人性中病態的、骯髒的一面，而不是宣揚人性中純潔的、美好的

---

14 普魯塔克（Plutarch，約西元 46 ～ 125 年），生活於羅馬時代的希臘作家，以《希臘羅馬名人傳》一書留名後世。他的作品在文藝復興時期大受歡迎，蒙田對他推崇備至，莎士比亞不少劇作都取材於他的記載。

東西，作家的目光總是落在人性中最低級，而不是最高級的東西上，這種社會現象令人堪憂。不斷喚醒人性美好中好的、純潔的、向上的、神聖的品格，將會對整個民族的精神態度、健康狀況和人心士氣產生一場革命性變化。

如果我們的作家編劇能夠少去琢磨一些人性中不正常的、惡劣的方面，如果他們能少描述一些壞事情，多描述一些好事情，如果他們少渲染一些人類中的邪惡、不道德、罪惡之事，多宣揚一些好的、道德的、美德的、神聖的品格，世界也會因此而更美好。我相信，一部諸如《重返三樓》[15]那樣，用一個神祕的陌生人表現出人性中最聖潔的一面的戲劇，在提高人類文明方面一定會比一千部諸如《最簡方式》[16]之類的戲劇收到更好的效果，儘管後者也向人們展示了人性弱點與罪惡最終帶來的致命結果。

人們往往會將看到的、讀到的東西滯留在腦海裡，我們的思想不會僅僅停留在最淺的層面，認為它只是一部戲劇或小說結局而已，無論是舞臺上的刻畫的，小說中描繪的，或者是圖片中表達的故事，故事的真實性才是最關鍵的因素。我們實際上會在一定的時間內受到故事中的英雄、罪犯，或其他一些形象的影響。

---

15 《重返三樓》（The Passing of the Third Floor Back），1908 年根據英國幽默作家傑羅姆‧克拉普卡‧傑羅姆（Jerome K. Jerome）一部短篇小說改編的話劇。1935 年被改編成電影。

16 《最簡方式》（The Easiest Way），1909 年由美國劇作家尤金‧沃爾特（Eugene Walter）創作、大衛‧貝拉斯科（David Belasco）導演的話劇。1931 年被改編成電影。

將那些能夠激勵孩子們的志向，讓孩子們盡可能的成為一個高尚之人的書籍送入他們手中，利用書籍的強大的影響力去培養孩子們，是件多麼偉大而神聖的事情啊。

　　好的書，好的閱讀內容能夠塑造一個人的個性，同樣，不好的書也能毀滅一個人的個性。如果說庸俗小說中的犯罪能夠給予人犯罪的心理暗示，那麼，鼓勵人們積極向上的書籍必然會產生截然相反的效果。許多男孩子之所以會犯罪，就是因為受到了不良小說中對犯罪生動描寫的刺激，而許許多多的男人或女人之所以成為了高尚無私的人，正是因為積極生活的書籍影響了他們的行為。

　　存在於我們的文學中的一些邪惡、低俗的提示應該為許多人枯萎的希望和凋零的生活而負責。許多人的毀滅就開始於對墮落生活的胡思亂想。現在，我們很少有人能認知到，重複不斷的想像是一種微妙的精神產物，這種產物有一種強大的力量，它自身所具有的特點和色彩決定著我們的精神面貌，決定著我們的生活中色彩，這種力量或是支持或是譴責著我們。不論是福是禍，想像力是上帝賜予我們最大的力量。這種力量如果得不到自控，即使是聖人也會為之所毀。

　　境由心生，心隨意動。這句諺語說得真好。

第六章
母親和女兒

第六章　母親和女兒

純潔高貴的女孩，如珍珠般潔白無瑕。

—— 珍・英格洛 [17]

最近，倫敦聖保羅大道的一位清潔工人拾到了一串價值六十五萬美元的珍珠項鍊，這串項鍊很可能是盜賊的贓物。將項鍊交給警察之後，他發現自己口袋裡竟然還留有一顆珍珠。對於珍珠的價值，他全然不知，他只是想著用這顆珍珠換去一杯啤酒來喝。酒吧裡的服務生同樣也不識貨，認為它不過就是一顆普通的珠子或大理石而已，所以堅決不肯收。然而，就是這顆甚至連一杯啤酒都換不到的珍珠，最後被證明價值為兩萬五千美元。

有多少年輕的女孩，就這樣無知的用一些一文不值的小玩意和自己猶如無價之寶的純真做了交易，她們根本不知道自己在做什麼，也沒有意識到自己珍珠般的純潔是多麼寶貴。用幾件奢侈品、漂亮衣服、珠寶或夜間的娛樂刺激活動來做交換，簡直就和那個企圖用寶貴的珍珠交換一杯啤酒的清潔工人同樣無知！有多少美麗的女孩和問題少年交往，認為他們才是在體驗生活，認為這樣才可以擺脫家裡的清規戒律和討厭的監護人，認為自己就為了那麼一點小小的刺激和不恰當的娛樂不顧一切的賭氣跑掉是一件很了不起的事情！她們並不明白，只要一件不謹慎的事情，就有可能毀掉自己的全部未來。她們的母親從來沒有告訴過她們，一旦失去用多少錢都無法贖回的貞

---

17 珍・英格洛（Jean Ingelow，西元 1820 ～ 1897 年），英國詩人、作家、兒童文學家。

操，後果是多麼嚴重，風險有多麼大。她們從來沒有告訴過自己的女兒，金錢，無論有多少，都無法補償純真的價值。

如果所有的女孩在跨出家門之前，就用適當的科學知識武裝了自己，讓自己具備了自我保護意識；如果她們被告知，自己的貞操乃無價之寶，具有神聖而奇妙的力量，這是造物主賜予她們，用來創造生命的奇蹟和母性奇蹟的力量，如果有哪個女孩如此輕率的將自己賤賣，那將是聞所未聞的事情。如果所有的女孩從小就受到了這樣的思想薰陶，認為生命的價值在於其美德，那麼，用自己寶貴的貞操去換取物質的女孩恐怕只占百萬分之一。

大多數女孩都是在這樣一種信念之下長大的，她們認為，某些問題，生命中某些事情，不論這些問題多麼令自己困擾、迷惑，她們似乎都無須去了解。她們不明白自己為什麼會有一種本能的渴望，不明白自己為什麼會有一種莫名的情緒。然而，這些事情就連自己的母親也無法與自己密談，或給出一些相關資訊和指導。社會習俗、延續幾百年來的傳統，都要求人們在生命中最為重要的一件事情上迄今為止仍保持緘默。

然而，實際上真正能夠保護一個女孩的純真和個性的途徑，卻是讓她們對自己的身體有一個全面、真實的了解。這樣的知識非但不會令一個女孩的純潔有絲毫汙損，而且還會讓女孩在突如其來的誘惑面前保持定力。

我認識一位住在華盛頓的母親，她是一位全國知名人士的妻子。她有一個極為迷人漂亮的女兒，無論是外表還是頭腦，都集中了上帝的恩寵，她的聰慧與美麗引來的眾多的讚嘆

第六章　母親和女兒

之聲。她的母親，和當時其他的母親一樣，絲毫沒有意識到一個從來沒有接受過性教育、對自己的性質一無所知的女孩所面臨的危險。這位母親自己本身也是在這樣一種傳統影響之下長大的，她認為女孩子不應該考慮這些事情，最好少和她們談論這些問題。同時她還是一個隨和、有點縱容孩子的母親，她的女兒在接近成熟的時期就早已被異性的注意力和他們的讚美聲給寵壞了，就這樣，這位自我意志強烈，個性倔強的女兒漸漸遠離了母親的控制範圍。最後，她成為了一位演員，登上了舞臺，舞臺尤其是個充滿誘惑的地方。

由於她全然不了解自己的自然屬性，也不知道自己的周圍布滿了陷阱，到處都是危險，這個女孩很快就落入了一些不道德男人的手中，就像獵狗逐鹿一般成為了他們的獵物。她和一些不三不四的人混在了一起，學會了抽菸喝酒，並在很短的時間內染上了其他一些壞習氣。雖然她是個出色的演員，但她最終還是失去了在觀眾中的人氣，最後，她的退化墮落已經到了令人震驚的地步，竟然死於酗酒與吸毒收容所。一個典型的性問題沉默之罪的受害者。如果她的母親能夠提前在這方面對她進行適當的教育，如果提前就教育她應該自我約束，這個優秀的、潛力龐大的女孩很可能不會過上這種不光彩的生活。事實上，她還這麼年輕就離開了人世，這著實讓她的母親傷心欲絕，她父親的事業也幾乎因此而毀於一旦。

我常聽母親們說起，她們不願意讓自己的女兒知道這世上存在的醜惡之事，希望她們能在純淨單純的環境下長大。誠然，純潔是一種極致的美，它完美的表現在一個活潑、單純

的小女孩自發的、真正的、舉手投足之間的那份純潔之中。但是，各位母親朋友們，妳們可曾想到過，就在妳們努力想要阻止自己的女兒了解這世間的醜惡，以及自己的性特徵之際，她們卻很可能旁門左道的看到一些扭曲的、誇張的、可能會就此毀掉她們的圖片。妳難道不覺得，與其讓她們從非正常途徑去了解這些她們遲早都會知道的東西，妳何不親自來告訴她們呢？妳告訴她們的事實要遠遠強於那些片面的、扭曲的，只能引起她們不正常想像的東西。為什麼不用簡單、科學的方法告訴她們自己的特徵，讓她們明白自己在人類種族延續的過程中將承擔什麼樣的任務。能夠敗壞她們思想的並不是科學的事實，而是那些變態的、淫穢的、能夠讓人產生好奇和情慾的暗示。科學的事實並不會對妳的女兒造成傷害，相反，它還會保護妳的女兒，讓她不受各種邪惡的侵擾。

由於我們的年輕女孩子們對自己的性特徵，以及它具有的特別意義很大程度上不了解，所以，她們極易走上墮落之路，然而有關這方面正確的教育和知識卻恰恰是一面很好的盾牌。女孩由於無知，在性方面的罪惡以及由此而來的可怕後果往往比其他任何錯誤都要嚴重，家長應該對這種令人嘆為觀止的無知負責。在城市裡，讓小女孩在複雜、刺激的環境下生活，而不是讓她們過著簡單、正常的生活，讓天性自然而然的得到發展，這無疑會刺激女孩子們早熟。甚至還沒等她們長到 10 歲，在這個根本不應該知道「性」為何物的年齡，就被自己的「男友」玷汙了。應該讓少女遠離任何能夠刺激性本能的東西，尤其是在她們發育初期，大多數犯錯的女孩都是在這個時候播下

了罪惡的種子。

　　母親在女兒處於青春發育期的危險時段裡，應該常常和她促膝長談，在這段時間裡，女孩子的身體會迅速發生變化。到了這個浪漫的年齡階段，女孩子的感情會突然覺醒，迅速發展。年輕人往往對自己突然產生的新感覺感到迷惑，很容易做出各種傻事來。在這個階段，母親有責任多留意自己的女兒。母親應該告知自己的女兒，有多少女孩子在春心蠢蠢欲動，滿腦子幻想的年齡階段，因難以抗拒愚蠢的衝動而導致終身蒙羞或徹底毀滅。

　　也正是在這個最容易接受外界事物的年齡階段，年輕人才會有強烈的好奇和慾望想要看看被禁止的東西到底是個什麼樣子。他們一旦擺脫家裡的束縛就會親眼去看看這些被隱藏起來的事物，去體會一下非同尋常的經歷，去感受一下新鮮事物的刺激。他們渴望刺激。他們受到了壓制的精力和情感常常會令自己的思想失去平衡，於是他們出於無知和無視會做出一些事情來。然而，假如他們能夠理解這些事情，並且知道這些事情的嚴肅性，那麼也就不會有什麼能夠誘使他們做錯事了。在青春發育危險期，性本能的發展要比理性的發展快得多，所以，一個處於發育期的女孩她的思想往往是不正常的。她們並不具備成年人的觀點，因此更容易受到影響而誤入歧途。

　　就在前不久，我聽說有一個女孩只因為「想看看是什麼樣子」就和一個朋友進了舞廳。在那裡，她碰到了一個後來被她描述為「好極了」的男人。這個人對她特別好，為她買冰淇淋，然後就詢問她的電話號碼。結果，這個女孩真的又一次

和他碰面了，沒過多久，這個女孩感覺自己已經愛上了他，於是就放棄了自己當初的立場，與這個「好極了的年輕人」私奔了。而這個男人卻是一個職業皮條客。這便是一個只因「想要看看到底是什麼樣子」就和朋友進舞廳待了幾分鐘的女孩最後的下場。

每一個女孩都應該被明明白白告知性的祕密究竟是什麼，她們必須認知到性關係到底意味著什麼，那麼她們就應該明白，在這個階段，哪怕有一點點閃失，一點點疏忽也會導致自己失去比生命還珍貴的東西。對於大多數走入歧途的女孩來說，毀掉她們的是疏忽而不是誘惑，她們本質上是好的。她們比男人更熱愛純潔，更潔身自好，邪惡之人只不過是利用了她們的無知和更細膩的感覺，以及她們更善良的心和她們對愛和讚賞的渴望。有多少女孩被毀，僅僅就是因為她們的無知和不在乎，這正是吸引那些放蕩男人的最大因素！

在女孩處在最美麗的幾年裡，也就是剛剛出落成大女孩的時候，就如同對未來既充滿渴望，又有幾分膽怯。此時的女孩，最需要母親的愛和得體的關懷。

在這幾年當中，女孩浪漫的情感和想像力都特別活躍，但是，由經驗而來的判斷能力和智慧還沒有健全。在這個年齡階段，如果女孩子沒有得到適當的指導，就很有可能會做出各種傻事來。她們極愛冒險，本能的躁動不安與固執己見，尤其是性本能迫不及待的想要得到解釋。所有這一切生理變化所產生的結果往往令她們的母親無法理解。正是在這幾年裡，女孩才尤其需要母親的親近，她們需要的是適當的指導和平等的待

第六章　母親和女兒

遇，而不是對她們強行壓制和過度監控，這樣只能導致更糟糕的結果。換句話說，女孩子到了這個年齡需要的是自由，而不是一味的管理、干涉、限制和保護，因為在這個年齡階段正是一個女孩世界觀和個性形成的時期，這兩件事對一個女孩將產生決定終身的作用。

在這個轉折階段，女孩子極易陷入一些糾纏不清的事情，這些事情常常會影響到她的個性發展，一旦處理不好，重則毀掉終身，輕則抱憾終身。正是這個時候，女孩子才會在不知不覺中與那些自己其實根本就不了解，結果卻損壞了自己的聲譽，讓自己身心受到嚴重傷害的男子糾纏不清。這種情況下，女孩子並沒有什麼錯，她們只不過是交友不慎而已。

有多少母親為自己女兒的性墮落而傷心欲絕，這些都是本不該發生的事，適當的性教育或許能夠防患於未然！每年，又有多少女兒因自己犯了大錯不願苟活而自殺，而她們的母親卻在青春發育期或發育前從來沒有給過她們任何相關警示！

那些在性教育問題上一直保持沉默的母親們，幾乎都沒有意識到，或許就那麼幾次推心置腹的談話，就能在這個問題上啟發自己的女兒，從而防止她在以後的日子裡出現問題。

如果女孩子們得到了正確的教育，認知到某些做法就如同用無價之寶換來一鍋湯，那麼，只有極少數的女孩才會禁不住誘惑做出對不起自己身體的事情。

據估計，在所有性犯罪的女孩中，知道自己在做什麼的只占 5%。95% 的女孩此前從未聽說過「性關係」這種事。

妳們這些母親必須明白，如果妳們不去關心，絕大多數女兒們都不會主動談起自己認識了什麼樣的異性。妳們的女兒，現在看起來似乎純真可愛，卻很可能已經認識了妳們全然不知的男人，她所認識的這個男人到後來很可能會對妳的女兒造成威脅。妳不可能時刻與她在一起，每次她外出上街都很有可能碰到那些專門引誘女孩走上邪路的無恥之徒。就在前幾天，我聽說一個有錢有社會地位的男人，他僅僅在雨中為一個 17 歲的女孩提供了一把傘的保護，就將這個女孩給毀了。

　　這種類型的男人專門利用女孩子的虛榮心，和她對美好事物一種本能的愛，譬如精美禮物、漂亮衣服、有情調的場所等，來獲取她的信任和愛。接著，承諾與她結婚，再往下，故事該如何發展，那是老掉牙的一套，最後的結局，不說也知道。

　　大多數就這樣犯錯的女孩都是容易相處，且愛享樂的女生。從小家庭裡沒能夠培養她們的自律能力，從來沒有人教給她們如何用自我保護的力量堅決向誘惑說「不」。如果一個人薄弱的意志沒有經過知識武裝，情形就會像赤手空拳和生活中的各種邪惡事物作鬥，去對付美德那凶險狡詐的敵人一樣。而知識將賦予意志無窮的力量，能讓一個人具備自控能力，它將會拯救成千上萬名少女，令她們無須忍受難言的苦痛，更免遭毀滅。

　　絕不能讓喜愛華麗的服飾、一味追求漂亮的著裝成為輕易放棄美德的藉口。有些母親從未告訴過自己的女兒，她們不容玷汙的純潔才是生命中高貴、有價值的東西，還有些母親從未

第六章　母親和女兒

提醒過自己的女兒，貪戀好東西、渴望不勞而獲，過上奢侈悠閒的生活是一種罪惡，一定要對它進行抵制，這兩種母親均不可原諒。

對於一個母親來說，這個世界上最困難的一件事莫過於能夠看到自己的孩子身上存在的問題。母親看不透自己的孩子是最大的錯誤，有時候，女兒已經從頭到腳敗壞了，墮落到了病入膏肓無可救藥的地步，可母親仍然一無所知。

但凡那些女兒出了差錯的母親，我還從來沒有聽她們中有誰說過，她早就懷疑自己的女兒有什麼不對勁，想到會有什麼事情會傷害到自己的孩子。有許多事情女兒是不可能告訴母親的，尤其是在「性」問題上，她們的風流韻事、她們的戀愛、她們的浪漫經歷都是不可能讓自己的母親知道的。在許多情況之下，女兒往往不肯輕易將自己的祕密告訴母親，或許是害怕遭到阻遏、害怕更多的監護、害怕失去自由，或許是因為很少有女孩子能夠和母親親近到能和她談論這些事情的地步。

幾乎沒什麼女孩會對男人吐露自己不幸的遭遇，甚至對自己的母親也不會談起。人類的本能往往會讓自己的性關係成為祕密，即使是對自己最好的朋友也不例外。尤其是當一個女孩認知到自己做錯了事情或者為自己的不檢點行為感到內疚之時，她們更不願提及此事。因此，母親與女兒保持親密的關係，讓女兒對自己能夠知無不言、言無不盡才會顯得尤為重要。

通常，母親很難說出自己的女兒心裡到底在想什麼，不論母女之間多麼愛對方。但是，每一個母親都應該能從自己的經

驗中得知，要想讓女兒說出自己的戀愛情況有多麼難，可能性是多麼小。若不是從小就養成習慣，對媽媽極為信賴，肯與之分享祕密，沒有哪個女孩會僅僅因為她是自己的媽媽而將自己的小祕密悄悄告訴她。

然而，任何一位母親，無論自身的知識多麼貧乏，多麼缺乏良好教育，都有一些特定的經驗和知識，這些經驗和知識對於自己的女兒來講都有難以言表的指導意義。那麼，母親們還在猶豫什麼呢，還不趕緊將自己的知識教給女兒？為何還要將這些能夠避免孩子在婚前犯錯，婚後因此而不幸福的知識藏著掖著呢？

一個著名作家在談到這個話題時說過，「人們應該知道，許多母親仍然認為，自由戀愛然後結婚是一件具有偶然性的事情，機率就如同被閃電擊中一樣，所以不大可能發生在自己女兒身上，也就沒必要為此做準備。」

一般的母親對待自己的女兒就好像她永遠也不會出嫁一樣，導致了即將進入婚姻殿堂的女孩子完全不知道自己將面臨什麼。對於自己的特徵和婚姻的意義，母親從未給過任何有價值的指導，因此，她只不過是跟從一種盲目的本能去交配，認為婚姻生活就是戀愛的延續，是一種與自己情投意合、心儀的人雙雙對對的愉快體驗。浪漫的、不諳世事的她根本就不曾想到，少女的夢想在婚後很快就會被無情的現實粉碎。

讓一個女孩在對自己即將跨出的這一步毫無了解的情形下進入婚姻狀態就是一種犯罪。她應該像對待大學入學考試或對待自己未來的職業那樣，認真徹底的為自己的婚姻以及等待著

第六章　母親和女兒

她的婚後生活做好準備。婚姻是人生中最重要的一步，然而，人們對婚姻所做的準備卻最少。有多少母親因沒能夠指導女兒為婚姻做好準備，令女兒蒙受痛苦而追悔莫及，深感自責。她們深深明白，自己完全能夠讓這些年輕的無辜生命避免這種意外。她們那些虛偽的莊重、那些所謂的讓女兒保持甜美的、美好的純真的假正經想法往往會導致的嚴重後果，對此，她們卻是回天乏力。

第七章
危險的「快事」

第七章　危險的「快事」

> 男人，罪惡初始為之色變，遂興致大增，遂習以為常，遂樂在其中，如此反覆，即成習慣，終堂皇處之。
>
> ── 傑瑞米‧泰勒 [18]

> 真正的邪惡，非外表所附美德之標籤所能掩蓋。
>
> ── 莎士比亞

在吉卜林（Rudyard Kipling）一篇關於「喪失」的寓言故事中，淪為邪惡之奴的人所具有的美德被迫逐一投降，對他人的信任、對配偶的忠貞、對子女的希望和責任感相繼離他而去。最後，他用這一切僅僅換來了魔鬼留給他的一個乾麵包殼！

如果一個男人打算追求什麼不恰當的娛樂，他就應該想到自己會為此付出什麼代價，想到自己在偷吃禁果後會是什麼情形，想到自己會失去什麼，想到什麼會離自己而去，因為他將永遠不再是從前的自己。

如果我們能夠提前看到事後的情形，我們將少做多少蠢事！如果我們能夠想到一切後果，我們會適可而止，而不是在做錯事情以後後悔不迭。

對於前途遠大的年輕人來講，最令人感到痛心的事情莫過於去嘗試一些罪惡的享樂。邪惡之事通常極富誘惑力，人們對它持有的病態好奇驅使人們想要看個究竟，想要知道這被禁止的、非法的東西到底是個什麼樣。但最後卻總是以大失所望而告終。一杯罪惡之酒縱使令你體會到那須臾之間的快樂，但沉

---

18 傑瑞米‧泰勒（Jeremy Taylor，西元 1613 ～ 1667 年），英國國教神職人員。

澱於杯底的糟粕卻足以令你苦不堪言。罪惡之事，不論它在表面上看起來多麼誘人，其深處必藏有一條毒蛇，在事後會狠狠咬上你一口，讓你痛楚不已。

目前尚無人能夠解釋邪惡的魅力為何如此之大，總能喚起人們做錯事的欲望，禁不住罪惡的誘惑究竟是何道理。對於多情之人而言，誘惑好比是鴉片，他們被邪惡深深迷惑，明知會受到傷害，卻始終難以自拔，就好比小鳥明明知道蛇蟒是自己的天敵卻仍會被牠迷惑，不顧一切飛向牠。

這種罪惡的引力、犯錯的誘惑似乎能夠麻痺一個人的感官，削弱一個人的意志。沉溺於罪惡享樂就如同吸毒者沉溺於鴉片一般，他們心裡很清楚，這是他們的敵人，這會讓他們能力退化、喪失思想、精力枯竭、扼殺自己所擁有的一切美好、崇高的東西，然而誘惑卻用一種無形的力量牽制著他們，讓他們欲罷不能。

下面我要談談由於受到了誘惑的催眠而做了錯事具有什麼樣的危險。人一旦淪為邪惡的犧牲品，道德感就會鈍化，原本根深蒂固的良知也會被通通扼殺。它的作用就像是麻醉劑，能夠麻痺一個人的道德感，所以，才會讓一個人在做錯事情時感覺不到錯誤，讓正在犯錯的人完全意識不到自己這樣做到底意味著什麼，因而只是一味的享受著這如魔咒般的邪惡帶給他的影響。

我們都知道，人一旦從罪惡的誘惑中清醒過來，擺脫了催眠魔咒之後，他們必定會感到萬分痛苦。從邪惡的催眠影響中恢復過來，重新恢復理智之後的那份震驚，有時會讓人的思想

第七章　危險的「快事」

失去平衡。他們將忍受受損的尊嚴和羞恥之心帶給他們的痛苦折磨，他們鄙視自己為何會如此放縱自己，任自己道德墮落。有時候，過分的強烈反應會導致一個人自殺，很可怕。

我曾經看到過一個長期酗酒的人，他盡情放縱了一個星期，在這一個星期裡，他將能夠享受的罪惡都享受遍了之後，整個人已經在這場罪惡的狂歡中徹底毀掉了。飲酒的誘惑帶著他順便品嘗了其他邪惡的味道，雖然他知道這一切會竊取他的智慧、降低他的品味、有損他的判斷能力和自尊，讓他能夠輕而易舉被其他邪惡俘獲。然而，一個人一旦向邪惡的誘惑低頭，便不可逆轉的掉入它的陷阱。

有的人由於禁不住誘惑做了壞事，認為酒精或毒品可以讓內心深處微弱的自責的聲音停下來。他們認為，將譴責之聲淹沒在酒杯中會令自己更放得開，但事後他們仍然會為此付出代價。做錯了事情必將受到懲罰，你無處可逃。一些人因破壞了美德，或因人性中美好的一面受到誘惑的麻痺後，做了其他一些邪惡放縱之事而強烈自責，這種感覺很可能會一直持續好多年。

因此，罪惡的最微妙也是最危險之處就在於它固有的、要命的安慰作用，和讓人昏昏欲睡的影響力，他會讓人喪失鬥志，變得無助。某些不道德行為具有特殊的誘惑力和魅力，能夠讓一個人變得面目全非，無法按照常理去做出選擇，一種微妙的催眠般的力量將對他的大腦產生作用，讓他犯糊塗，讓他有種酒醉的感覺。一個人若處在這樣一種狀態之下，往往會屈服於自己最原始的、獸性的衝動。

在所有一切罪惡當中，性本能的墮落最能夠影響到受害者的判斷力，讓他們看不到什麼才是真正對自己有好處的事情。性放縱者在喪失理性之際，往往看不到自己的不道德行為將帶來退化性的可怕後果。然而，一旦他們覺醒，來自性道德良知的負罪感將久久籠罩在他們的心頭，揮之不去。

當上帝的形象再一次出現在做錯事情的人腦海裡，苛責他們時，那些曾經放縱於感官享受的人們無一不在事後瞧不起自己。我曾聽一個年輕人說過，在感官放縱過後，他所承受的自責和煎熬要比那片刻的滿足動物本能的愉悅感強烈一千倍。

任何透過違反大自然神聖法則而獲得的幸福，都不可能是真正的幸福。不道德的行為無法獲得長久的、真正的快樂，因為它衝擊著我們內在的聖潔，這種聖潔總是在人們做了正確的事情後，給予鼓勵，做了錯事之後，給予譴責。這種現象再自然不過了。作為上帝的孩子，我們與生俱來就秉承了祂的品格，和祂對各種罪惡本能的憎惡。所以每次我們做錯事情後所遭受的自責之苦，正是上帝的品性在我們身上發生了作用。正是這種感覺到自己糟蹋了上帝的形象，感覺到自己敗壞了男子和女子本應具有的美德的想法，才會成為罪惡享受的肉中之刺；正是這種出賣了良知的感覺、侮辱了內在聖潔的感覺才會將片刻的愉悅感變成長時間的痛苦。

你只需看看街頭那些悲哀、難過、滿臉風塵的妓女，聽聽她們空洞、自嘲的笑聲，比眼淚更酸楚。這是現實中最有力、最客觀的一個教訓，告訴人們罪惡的享受是多麼令人失望，多麼讓人幻滅，這根本不是幸福的泉源。所有這一切只不過是暫

第七章　危險的「快事」

時的興奮、神經的刺激，是一杯毒酒浮在上面的泡沫，致命的毒藥就在杯底。

我們或許可以麻痺自己，但是我們卻無法打敗一個事實，那就是，經得起時間考驗的幸福來自於做正確的事情。當人們感到悔恨、自責，感到尊嚴不再之時，那種想像中的愉快就會消失殆盡，接踵而來的是加倍的痛苦。大腦不聽使喚、情慾壓倒一切時所獲得的那點罪惡的愉悅遠遠無法抵消事後所受的良心的指責。誰若是違背了自己作為高等動物的自然法則，遲早會為此付出沉重的代價。

一個著名的盜匪講述了計劃一起完美的入室搶劫，掠走所有有價值的東西而不被射殺，那種興奮與誘惑簡直令人發狂。他說，匪徒之所以敢這樣做，是因為他用簾子遮住了自己的視線，從而看不到這樣做的可怕後果。

如果所有的罪惡之事都失去了這種誤導與欺騙，那麼，它們的誘惑力也必將隨之而消亡。如果各種充滿誘惑的邪惡能夠將它富有破壞性的、致命的一面展示給人們，那麼，世間恐怕也就沒有這麼多的邪惡之事了。

那些邪惡之事的鼓動者、誘使年輕人犯錯的教唆者，總是要試圖增強罪惡的誘惑力，他們不擇手段讓罪惡看起來更富吸引力。

二十世紀的新惡魔與以往的惡魔有所不同。它們頭上並沒有長著角，已經脫下撒旦傳統的外衣，換上了現代的新裝。它已經改頭換面，不再是那個令人反感的外貌，而是一副迷人、漂亮的樣子。它具有超強的吸引力，因此，它的模樣不但不會

嚇跑自己的客戶，而且還會使勁渾身解數引誘客戶。它甚至採用了最新的心理學技術，它不會強迫自己的客戶，僅僅是向他們建議，隱約暗示或誘惑他們。它把自己的蹄子和尾巴藏在外套下面。

《聖經》告訴我們，惡魔將邪惡的事物拋出，並管它們叫「兵團」。毫無疑問，這便是現代惡魔的名字。它的形式和名字都如軍團般龐大，他將無數微妙的誘惑全部潛藏起來，它為受害者所挖的陷阱顯示鋪滿了鮮花，毀滅與死亡被巧妙的藏在愉悅的外表之下。

誘惑之路專為年輕人而設。他所聽之音樂令人神魂顛倒，精神恍惚。可以這麼說，在魔咒的作用下，那該死的誘惑緊緊抓住了他，他迷惑的站在那裡，面對向他頻頻招手的誘惑不知所措。通往滅亡的大路寬闊而愉快，看起來遠比通往智慧的道路更有吸引力、更誘人。所以，如果他沒有接受過適當的教育，如果沒有人警告過他一路上布滿陷阱，如果他沒有學會如何去控制自己的情慾，他就很可能走上錯誤的道路。

夜幕降臨後，各種誘惑在黑暗中若隱若現，困擾著年輕人，也困擾著年紀稍大一些的人。有一個現象很奇怪，但卻是事實，任何錯誤事情，任何道德敗壞的事情都是見不得光的事情。陽光永遠是邪惡的敵人。而黑暗、隱蔽、神祕是罪惡的夥伴。相對而言，這世上的罪惡之事很少是在光天化日之下發生的。在某種程度上，當上帝將陽光灑滿人們的臉上時，人們就會因違背了他聖潔的天性、玷汙了自身的神性而感到羞愧。

我們對於個人邪惡的看法是，他長期總是生活在黑暗之

第七章　危險的「快事」

中，陽光對他而言有毒害作用，讓他無法在陽光的照耀下再去做出那些惡魔行徑。造假者、夜盜、殺人犯、妓女、將少女領入歧途的皮條客，以及其他所有從事見不得人的勾當的人，他們這些人所做的事情都是以黑暗為掩護的，見不得光的。罪犯總是潛伏在偏僻小道上、小巷子裡、其他一些幽暗地點和不明顯的入口處。這一切在白天的陽光下就會萎縮不見。上帝賜予我們的陽光是虛弱的敵人、是罪惡的敵人。

每年，由大都市犯罪所導致的鉅額開銷數字令人震驚，我們只需要花上這筆錢很小的一部分就可以將那些黑暗、陰沉的地方照亮，尤其是貧民窟，讓大街小巷、鄉間小道盡可能的如白晝般明亮，那麼，犯罪的數量必然會大量減少，它將被證明是我們城市中一項意義重大的投資。

如果一個男人想做什麼不道德的事情，他們就想要避開光線，避開大庭廣眾，避開夥伴的視線，進入幽暗的街道。如果一個男人想要放縱於罪惡的情慾之中，他必然想要掩人耳目。誰膽敢公開的當著熟人的面，在對自己口碑很好的人面前去尋求罪惡的激情，那他必然會名聲掃地。如果一個男人只能在公開、毫無掩蓋的情況下從事他那些不道德行為，如果他只能當著同伴的面去做那些事，那麼，他們永遠不可能會去做，他們也不可能受到誘惑。

如果我們能夠將都市中藏有邪惡的大門通通打開，如果我們能打開窗戶，讓陽光照射進來，如果我們能將鴉片場所或者其他罪惡場所的窗簾全部拉開，如果我們能夠用燈光將一切神祕和黑暗中的祕密驅除，那麼，大量的邪惡就會從地球上

消失。

　　一個頗具聲望的人打算進入邪惡場所之前，他總是要東張西望，看看四周是不是有他認識的人。然後悄悄溜進去，再偷偷溜出來，此時的他，羞愧、自責、就連自己都看不起自己。他恨自己的墮落，鄙視自己，因為他們做了禽獸一般的事情，讓身體裡的獸性壓制住了人性微弱的呼喚。我認識許多男大學生，他們在晚上到城市裡面狂飲縱慾，然而在事後對自己的厭惡卻要持續好幾個月。

　　要謹防午夜激情，雖然感覺很不同，但是它卻可以令你在黎明時分憎惡自己。這種愉悅感會在你身體裡產生一種反應，讓你覺得嘗試過後，身體裡的聖潔就會離你而去，就算你不會因此而憎恨自己，但你也會覺得你已不再是你自己。

　　的確，黑暗似乎總能將邪惡帶給人類，人性中罪惡的一面，常常在夜晚徘徊，就如同《化身博士》中白天是科學家的傑克博士，晚上就會變成邪惡的海德先生。當他完全睡著之時，就像是白天的貓頭鷹和野獸，他不喜歡光明，他所做的大多數破壞工作都發生在夜間。

　　大多數做過錯事的人都是在晚飯過後變壞的。在這段時間內，他們結束了全天的工作，也就是在這個時候，撒旦——人性中的惡魔，以及驅使我們做出各種禁忌之事的邪惡欲望才會蠢蠢欲動，在我們的身體裡活躍起來。這個時候我們的抵制能力因此也薄弱許多。

　　之所以會這樣，原因之一是白天時候，大多數人都忙於工作。工作是我們最好的朋友，也是我們強有力的保護者，它讓

第七章　危險的「快事」

我們思想充實從而避免受到各種誘惑的侵襲。誘惑總是去尋找那些無所事事、整天閒逛的人。整天忙於工作、忙於生計的男人或女人所面臨的誘惑，要遠遠少於那些一心想著娛樂的人們。人類的思想本來就是要活動的，如果思想活動沒有得到合理的應用，那就如同是一件閒置不用的機械設備，性能很快就會退化。嚴格說來，一個人的工作就算再苦再累，也是生命動力的泉源。

晚上，年輕的未婚男子尤其處於危險當中。一個熱愛家庭的已婚男子在下班後，一般不太願意到處閒逛，他的家庭能夠令他保持平衡，這是令他的性格保持穩定的一大因素。但是年輕的未婚男子沒有家庭的束縛，也沒有家庭責任要承擔，這種情況下，除非他在自控能力方面接受過系統的教育，是一個喜愛讀書、想不斷提高自己的人，否則他常常會禁不起那些眼花繚亂的、危險的娛樂，還有那些出沒於夜間的誘惑，尤其在人口密集的大城市中心更是如此。

說實話，現代城市生活對我們所帶來的影響，無非就是過分刺激了人類低級的本能。不幸的是，城市為我們提供了各種機會，讓我們能夠不露聲色的沉溺於各種罪惡當中。所以對年輕人而言，大城市比小城鎮或鄉村更具危險性。沒有人知道，也沒有人在意單身男孩和女孩在大都市裡究竟做些什麼。當一個年輕人對自己身體裡的慾望感到困惑、驚異、努力與之作爭鬥的時候，如果他們沒有事先接受過這方面的安全教育，不知道該如何保護自己，那麼，這時候必然是外界的誘惑力對他們的影響最強烈的時候，因而大城市中各種罪惡來源和數不清的

誘惑就會變得格外危險。

　　第一步非常重要，不論是向上前進的第一步還是向下後退的第一步。有人告訴我們，「火花注定要向上飛，人類生下來就有邪惡的一面。」我們更傾向於走下坡路而不是向上爬，這一點困擾著許許多多的人。很多人無法聽從人性中高尚的呼喚，不斷向著純潔和神聖所在的高處前進，相反，他們卻時刻準備著聽從來自獸性和地獄的召喚。第一步的不謹慎，是多麼容易導致日後的犯錯啊！有過第一次罪惡的經歷後，犯錯會變得越來越容易，直到最後形成習慣，內心的抗議變得越來越微弱，最初的信念會不斷消失，直至自我尊重徹底毀滅，下滑的速度不斷加快。

　　成千上萬的女性為她們喝下的第一杯雞尾酒、第一次被親吻、第一次被擁抱或其他一些類似的親密動作而悔恨終身。幾十萬名男子只因擋不住誘惑與「那些男孩子」一道喝下了第一杯愉悅之酒，或者只是想要看看「到底是個什麼樣子」而進入淫窩，最終跨出了邁向毀滅、徹底墮落的第一步。

　　困惑迷惘，不明事理的人，也只能寄希望於人云亦云之事。

　　　　　　　　　　　　　　　　　　　　　── 阿里安 [19]

老天！你竟然不知

---

19 阿里安（Arrianus，西元 86 ～ 146 年），希臘歷史學家、哲學家。代表作：《遠征記》等。

第七章　危險的「快事」

罪惡之事　只是糞土與糟粕
時間　讓深陷的罪惡不斷加深
最後輸的人　注定是自己

—— J.G.惠蒂埃

第八章
父親與兒子

第八章　父親與兒子

知識就是力量。
子不教，乃父之過。

—— 羅伯特・巴頓（Robert Barton）

真正了解兒子的父親才是好父親。

—— 莎士比亞

晚年的威廉・阿克頓（William Acton）博士曾說過，「我注意到了，所有在我面前承認自己有過罪惡行為的病人都對一件事感到痛惜，他們聲稱，小的時候從來沒有人警告過自己這樣做的後果。我一次又一次的敦促父母、監護人、學校管理人員以及其他一些對教育工作感興趣的人，告訴他們有必要對自己所照看的人給出適當的警示，讓他們了解自己可能面臨的危險，然而我卻一次又一次的因此受到打壓。我向父母和看護人提出了自己最誠摯的建議，他們應該從心裡贊同並坦白的做出解釋，從而幫助自己負責照看的人保持純潔的生活。」

人們之所以會有悖於最高貴的人性，犯下大錯，很多時候是出於無知。在教育問題上，我們一直強調一個事實，「知識就是力量」。現在，我們開始發現，在「性」問題方面純潔、正確、科學的知識是對年輕人最強有力的保護。許多人類的悲劇就源於無知。

如果一位父親打算為自己的兒子造一艘船，詳細告訴他造船的每一個步驟，並在船上裝配了所有儀器，但是，他唯獨沒有在儀表板上為這艘船裝上指南針，也沒有告訴他任何有關航

海的知識，就這樣讓他在一片未知的茫茫大海上啟航了，你會對這位父親做何感想呢？這個男孩安全到達目的港口的機率能有多大呢？然而，許多父親確實沒有為孩子配備道德指南針與舵，就這樣任憑這艘船在生活的海洋中隨波逐流。他將自己的孩子置於各種誘惑與危險當中，卻對可能會令他苦惱的內部和外部危險隻字未提，既沒有給出建議也沒有給出指導。對於孩子身體裡面日益強烈的情慾，父親也沒有告訴兒子人為什麼會有情慾，濫用情慾將意味著什麼，導致孩子對這種神祕的本能一無所知！每一個幾乎在「性」問題上觸礁的男人，都深知青春的道路上究竟有什麼樣的可怕風險與危機，但是他們卻從來不警示自己的兒子。每一位父親都明白，兒子在人生的年輕階段將經歷怎樣的磨難，但他在這方面卻始終殘忍的、如同犯罪般的保持著緘默。

作為一個父親，他能夠給予兒子的最有價值的東西，就是要讓他心中有數，明白不加控制的、過度的、或不恰當的性本能會帶來可怕的災難性後果。用科學知識提前發出警示，可以保護年輕人，讓他們不至於陷入性本能失控的危險當中，這就好比為一個航海的水手提供一張航海圖，圖中標有暗礁和岩石，以及航程中的漩渦和暗流，讓他有所防備。如果你僅僅是因為不想和他談論這些微妙的事情，或者不知該從何談起而讓你的兒子面臨道德淪喪的危險，這將是一件十分可怕的事情，因為你不僅僅是在拿他的健康、幸福和成功冒風險，你還在拿他身後所有人的健康、幸福和成功冒風險。他會覺得，你認為和他談論這種就連上帝都為之羞赧的話題是一件可恥的事情。

第八章　父親與兒子

他也許會認為，說不定你自己本身就做了什麼見不得人的事情，所以才會在這個問題上如此難以啟齒。

大多數父親似乎都認為，兒子在道德和精神教育方面的一切問題都不關自己的事，這些都是母親照顧孩子的責任。但是在青春發育階段性問題的教育上，父親卻比母親更適合。他比她更清楚處在發育期的男孩將要面對怎樣的內在慾望和外在誘惑。他能夠警告兒子什麼樣的東西是陷阱，而她或許對此全然不知。父親往往更了解兒子尚未完全顯露的本性與慾望。

進入青春發育期是人的一生中最美好、最有趣、最神聖、也是最關鍵的一個階段。一個人的個性通常就是在這短短的幾年當中形成的 —— 他的身體活力、他的舉止禮儀、他的聲音以及他的智慧力量。

在這個年齡階段的自慰行為或縱容自己偷吃禁果會讓自己的精力大量流失，會嚴重阻礙身體和智力的發育。在這個年齡階段如果腦子裡去想一些不該想的事情，這對他的整個本性將產生可怕的影響。我們能夠透過孩子的行為舉止和性格上逐漸發生的變化注意到這種徵兆。譬如，他總是避開與他人的互動，喜歡獨處；他在陌生人面前會害羞，會口吃；他與父母之間的交流明顯減少了；他不喜歡別人問起自己的情況；他不喜歡面對人，也不喜歡直視別人。

平均來講，男孩子的性本能在 15 ～ 17 歲之間完全覺醒，這個年齡階段的性慾也最為急切。在他的一生當中，這是最危險的一段時間。如果在這種慾望尚未發展成縱慾行為之前，能夠對他進行適當的教育，那麼，他的情形絕對會比對他不聞不

問安全得多，因為他將明白，所有這一切意味著什麼，從而為抵禦誘惑做好準備。

如果你能夠在性本能問題上替孩子打一支預防針，確保他在 17 歲之前仍然是無瑕的，如果你已經用健康的性知識武裝了他的頭腦，那麼，他以後的日子相對而言就會安全得多。

如果你的兒子現在正處於青春發育期，你可以經常性的詢問一下，看是否有什麼事情困擾他，讓他迷惑。如果他有什麼問題的話，一定要幫助他。這其實是件很重要的事情。

每個男孩都將會有一個知己，一個能夠吐露祕密、分享希望與理想的人。而這一切，他斷然不會向他人提起。我們總是理所當然的認為，母親與兒子更為親密，但是每一個男孩子都應該有一個與他關係尤為密切的男性朋友，這個位置甚至就連自己的母親都無法勝任。他的這個朋友和知己應該是他的父親。

最近的一項新發現顯示，有些男孩子在青春發育前，身體和頭腦出現了奇妙的變化。這些變化是在一種性體液的作用下產生的，這種性體液通常會被血液和其他一些人體分泌物所吸收，然後會發生奇蹟般的作用，讓男孩子更健美，更具陽剛之氣。但是如果這種體液被濫用、浪費或損失，那就必然會引起青春的損耗，讓一個男人少了幾分男子氣，而多了幾分女人味。

其實對一個父親來說，讓孩子知道孩子性器官是為神聖的目的而存在，任何濫用都有可能毀損他的整個人生，或毀掉他的事業，更不用說那些因縱慾和墮落而沾染的花柳病有多麼可

怕，其實是一件很簡單的事情。

如果你的教育開始得較早，那麼相對來說就更容易博得孩子的信任，那麼，當他在「性」問題上碰到任何困擾或疑惑的時候，就會自然而然的來找你。從小到大，他就會在一種這樣感覺中長大，他會覺得任何人都無法取代你，他心中的那個特殊位置只屬於你，其他任何人都無法填補。

男孩子的脾氣性格與性的發育和衝動有著密切的關係。一個感情豐富且發育較早的男孩，雖然他表面上很安靜、很平靜，他的父母也可能認為他的思想從未被汙染到，但是他卻很可能因自己已經形成的壞習慣而忍受著難言的痛苦。這種習慣或許就是因為不知道其嚴重性才會形成。

因此，許多正遭受著困擾的年輕人渴望父親直接詢問自己的情況，這樣他就有機會在這個方面向父親敞開胸懷。許多年輕人告訴我，當他們還是個男孩的時候，有許多次曾和父親一起散步，他們多麼渴望父親能主動提出這個困擾了他很久的問題啊，但這種渴望最後總是一次又一次的化作了希望破滅的痛苦——父親對這方面問題從未有過隻言片語。

不論一個男孩多麼純潔，如果他已經到了發育時期，作為父親的你，最好是要求他誠實坦白的告訴你他的一切情況，而不是在這個關係到他的健康快樂和未來的幸福的問題上保持沉默。或許已經有許多次，他想要主動提出這個問題，但是話到嘴邊，卻又嚥下去了。他在想，「我的父親活了這麼多年，智慧這麼多，但他卻從來沒有對我提起過這個問題，若是我主動提出來，一定會有很可怕的後果。這件事一定很神祕，一定有

什麼不能說的或不該說的祕密吧。」因此，許多男孩推論、猜想，他們的父親必定會因為自己腦子裡有這種不該想的東西狠狠的責罵他們一頓。

我認識許多傷心的男孩，他們感覺到自己身體裡有一種神祕的力量在增長，但他們卻不知道這是為什麼。他們需要有一個乾淨、純潔、確切的解釋，但父母卻從來不曾給出。在這件事情上，男孩子們竟然既不願意與自己的父親也不願意與自己的母親講，而作為智慧和經驗的父母，他們出於莫名其妙的原因竟然也完全無視這件事，這難道不是很奇怪嗎？

你也許認為，你的兒子從來不提起這種禁忌之事，就等於他不存在被汙染的危險，或者還沒有受到過任何汙染。年輕人在沒有受到鼓勵的情形之下，自然不會談起這些事情。如果你的兒子沒有從小就把你看作同一個屋簷下的好友，一個能夠暢所欲言的傾訴對象，那麼，他必然處在危險中。一個滿腦子汙穢的同伴很可能在你全然沒有意識到的情況下毀掉他的整個生活。不讓孩子了解他本該了解的東西，簡直是一種犯罪，你所了解的許多事情對他來說具有極為重要的指導意義。而且你也知道，所有的學校、大學和其他一些教育機構到處充斥著性濫用、性誤用。很多情況下，在這個神聖的問題上存在眾多錯誤、病態的資訊正是導致人們走向毀滅的根源。

教堂裡的神父曾經教導我們，人類的性慾是邪惡的，是罪惡的。但是今天我們都知道，性衝動如果得到了正確的指導與合理的控制便是一種男子氣概的象徵，它能讓人充滿活力和動力，自然而然的影響著一個人的個性。

第八章　父親與兒子

　　告訴你的兒子，保持性的正派與完整才是一個人精力旺盛的根本所在。對於人類繁衍和種族延續功能的濫用會導致其受到損傷，這種功能與身體中的每一個細胞密切相關，影響著一個人的腦力和體力，一旦失去，是任何醫生、藥物或廣告中的治療方法都無法恢復的。告訴他一個事實，他的健康，他未來的成功與幸福均取決於能否好好保存自己體力和腦力上的活力，自慰行為是最危險的，他可以讓一個人身體漸漸虧空。要向他明示，適當的克制和使用自己的本能是一個人生活和個性的基礎。

　　告訴你的兒子，大多數駕馭不了自己的人往往都是在性方面或多或少出了問題。有許多人沒有好房子住，屢遭失敗，或一事無成，碌碌無為，行屍走肉，以及周圍許多個未老先衰的人，他們多多少少都是因為縱慾過度而喪失了鬥志。他們或許在剛剛成年時，就因缺乏發自制力而致使精力和持久力早已逐漸耗盡，自尊早已磨滅，實力早已遭到破壞。

　　一定要當心你的兒子無節制的自慰，或進行其他一些不應當的行為，尤其是在他還沒有完全成熟之前，這會導致他身材矮小，智力低下。這種問題往往表現在聲音尖細、鬍鬚稀少、頭髮稀疏、肌肉鬆弛不發達、感覺失調、性格乖戾等現象上，它們都是由不恰當的浪費生命力量所引起的男子特徵的缺失。那些不幸的、具有這種特徵的人都是有氣無力的、沒有個性的、虛弱的、低效的。簡而言之，對性功能的濫用和浪費就等於是丟失了人生中第一筆寶貴的財富，會對一個人的身體、精神和道德產生極為嚴重的後果。

思想裡第一次產生不潔淨的想法，第一次感覺到它的樂趣，第一次做出放縱行為都會對一個人產生負面的、衰敗的影響，可以說再沒有比它更為陰毒、更致命的影響了。我們不妨注意一下，對於一個違背了純潔、正派法則的人，這種退化、破壞性的力量會在多麼短的時間內迅速在他身上產生作用。在短短的幾個月內，原本再純潔的一個女孩也會變得連動物都不如。造物主似乎將人類這種本能的正派完整性看得如此神聖，一個人的生命、個性以及人類物種的命運都取決於此，因此，違反自然法則，濫用這一功能者，必將遭到退化這一嚴厲懲罰。即使是那些說謊的人，甚至是犯法的人，在道德上還仍然有藥可救，而那些在性方面不正派的人則是徹頭徹尾成喪失了道德，成為了低等的畜牲的人。生活作風正派、乾淨、純潔的人永遠不可能染上可怕的疾病，但是，人一旦違背了貞潔的原則，就會遭到可怕的懲罰，就會在身體上、人格上和靈魂上付出沉重的代價。

最好的醫生告訴我們，再沒有什麼能夠比濫用聖潔的性本能更為徹底的損耗、破壞，更為迅速的消耗一個人的精力和活力了。這些精力和活力原本可以轉化成為力量和效率。依我之見，聖潔是造物主將人類確定為自己的拍檔，並令其世代繁衍的唯一理由。我想再重複強調一次，聖潔是一切美好、潔淨的事物，生命中最偉大、最崇高的，一切有價值的東西的代名詞，它的意義就在於它的完整性。

父親應該給出兒子確切的理由，告訴他正派、潔淨生活的必要性。他應該告訴他，無論如何，人都傷不起元氣。大多數

第八章　父親與兒子

男孩都想要讓自己的身體棒棒的，如果父親告訴兒子，隨意破壞自己的性本能不僅會毀掉他的精神，而且還會令他的活力和精力大幅度流失，無論在賽場上，還是在生活的戰場上，能夠令其獲勝的力量將被嚴重削弱。那些暗自放縱自己的人在身體上和精神上都會變成低能兒，喪失性能力。父親應該將這一切告訴兒子，讓他在思想上警鐘長鳴。

告訴你的兒子，人，只有在性功能最純潔無瑕的那段時期，也就是在他還很完整的那幾年裡，才能獲得有價值的東西。告訴他，過度或濫用自己的性生活會導致一個男人性功能缺失，失去了性能力就意味著失去了精神活力和創造力，而支持著勇氣、首創、以及一切能力和效率的，正是這兩種力量。一定要為他指明一個方向，也就是當一個人變得毫無男子氣概時，他也就失去了充滿力量的一面，漸漸成為了低能的人。要告訴他，失敗大軍正是由那些遭到劫掠、破壞的人類所組成。這些人失去了一切成就之源的活力、能力祕密武器的創造力、靈活多變和足智多謀。一定要讓他明白，人的決策力量往往會隨著性活力的枯竭而消失。

一定要刻意的提醒你的兒子，他的未來，他的成功，他的聲望，他的幸福都將取決於能否保留這種身體的活力。要讓他明白，為人夫與為人父是他在這個世上將要扮演的最重要的角色，未來妻子的快樂和幸福以及孩子的命運 —— 生活對於他們的意義、他們的成就、他們的幸福和快樂以及他們下一代的性格，在很大程度上就掌握在他的手上，所有這些無比重要的事情主要還是取決於他的警惕性，這種警惕性是他純潔的性生

活的保鏢。

換句話說，要讓他完全明白，相對而言，只有保持性正
派與純潔的人才會成為一個完整、全面、有活力、有能力的
男人。

有些父親似乎認為，只需要警告兒子遠離不良玩伴就可以
保護他們不受汙染源的侵蝕。但是，這種「不許」只不過是一
種被動的藥方，永遠也無法真正保護一個年輕人。唯一能夠保
護他的方法就是給他一些積極的指導，提升他的理念，增加他
的自我尊重，讓他對自己更多一些思考。

有的父親也許一直等到孩子出了問題甚至徹底毀掉的那一
天，才會給出孩子一番教導。而這番教導往往又沒有包括我以
上總結出的幾點理由，因此並不能產生積極和長久的作用。但
是，如果父親能夠給出節慾的合理理由，引起他的注意，那
麼，孩子會對父親肅然起敬，也會將他的話時刻牢記在心。這
正是父親影響力的特別之處所在，母親或老師無論多麼愛他，
多麼信任他，都無法像父親那般真正體會到孩子的處境，在青
春發育危險時期，只有父親能深入孩子的心裡，只有他才能夠
完全了理解並感同身受兒子的感覺。

一個接受過良好性衛生教育的男孩會對辱罵女性的語言感
到厭惡，不管辱罵對象的是誰的女兒或誰的妹妹。他已經知道
了要尊重女性，因為女性在體力上相對而言是弱者，男性自然
而然應當保護她。他會認為，不論社會階層與地位，任何對女
性的傷害都是一種犯罪，既沒有尊重男子氣概，也沒有尊重女
性的柔弱。他將時刻牢記，任何導致一個女孩毀滅的做法，不

論是直接的還是間接的，都是在犯罪。凡是犯了這種罪的人，一生都不配有婚姻生活，凡是犯了這種罪的人，他早已改變了對女性的看法，他早已不再是從前的自己，對女性早已沒了從前的尊重。

　　一個真正稱職的父親，應該向他的兒子灌輸尊重女性的思想，要尊重她的個人，所以，任何拿她的性別尋開心，或對她的性別有侮辱的暗示都是不可想像的事情。他應該告訴自己的兒子，母性是多麼神聖的一件事，是多麼的純潔無瑕，為了自己將來的幸福，為了家庭和種族的利益，他必須保護女性，讓她們不再受到侮辱和謾罵，不再受到任何邪惡行為的侵害。每一個男孩都應該認為自己是女性的保護者，他應該就像保護自己的妹妹那樣保護每一個女性。

　　換句話說，我認為透過適當的教育，讓男孩擁有崇高的騎士精神，對女性抱有神聖的態度，永遠不會對其產生邪惡的慾望和罪惡的情慾是完全有可能的。每一次他受到誘惑想要做壞事的時候，他的腦海裡就會浮現出有朝一日會成為自己妻子的那個女孩的身影，他會感到羞愧難當，屈服於自己的慾望就會成為不可想像的事情。你所能夠做到的，對他的未來意義重大的一件事情，就是要向他灌輸一種思想，讓他將純潔的身體和思想看作是生命中最神聖的東西，要他下決心保持自己的處子之身，一直到和自己理想中的，如同正在飄灑的雪花般純潔的女孩共同走進婚姻殿堂的那一天。如果你這樣教育他，那麼，每當他面對破壞性本能的聖潔的衝動時，他的眼前就會浮現自己理想中的女孩子的形象，這種方法很實用，對一個人的自控

很有幫助。它會扼殺慾望，並使自己為不應當有的念頭和想法而感到羞愧。

有些罪孽不可原諒，其中性罪惡便是其中一條。為了自己一時的罪惡的滿足，就對另一個人的個性進行破壞，推動人性朝著退化的方向發展，這根本就是一種靈魂的犯罪。一個受到過良好教育的年輕人應該明白，真正的快樂是絕對不可能建立在這種罪惡行為之上的。

如果有哪位父親發現，自己的兒子已經不幸染上了自慰的毛病，那麼你就該明白，他現在的情況十分危險，但你也無須過分嚴厲的嚇唬他，他自己已經是飽受折磨了。我認識許多父親，在這個關鍵的時刻，是他們的粗暴讓孩子失去了全部的信心，覺得自己永遠也無法擺脫這種困擾了。然而，在這樣一個至關重要的時刻，迫切需要的，也是唯一能夠拯救他的便是希望和信心。此刻，他的情緒極度沮喪，悲傷而鬱悶，他最需要的是你的同情，而不是批評，也不是你的譴責。不要一時生氣就去責罵他，你要用心去對待他，給他建議，給他信任，讓他知道，你能幫助他。除了以上幾點外，千萬不要讓他去找江湖郎中去看病！

年輕人到了一定的年齡階段，往往都會為一件事而擔憂和焦慮，他們害怕自己的性生活會出現問題。周圍的人們在這個問題上的避諱更加劇了他的焦慮，使他不敢向父母親詢問這方面的事情。在這種情形之下，膽敢直接走到父親面前，坦率的向他徵求建議的孩子不到千分之一，因為他們覺得內疚。他甚至不敢求教於年紀稍大一些的朋友，或者是自己的家庭醫生。

第八章　父親與兒子

於是，有許多了解這一點的江湖庸醫利用了這種機會，利用這件微妙的事情向孩子行騙。

有成千上萬的父母，他們認為自己的孩子從來都不知邪惡為何物，他們根本不可能受到玷汙，然而，他們卻很可能不斷的去回答廣告商所關注的問題，比如說「精神不振」、「沒有男人氣概」或者「年輕惹的禍」之類的問卷調查。父母壓根就沒意識到這些江湖術士透過微妙的廣告宣傳，以及透過罪惡文學中對失去男子氣質的後果進行描寫，在自己的兒子身上大撈了一把。

這種愚蠢的「沉默之罪」最終只能將你的兒子留給那些江湖庸醫！在他生命中最危險的一段時期，當他來到通往未來的門前，踮著腳尖站在成人世界的門檻向裡面張望時，如果此時的他能夠得到來自於你的恰當的外部教育，那麼，這種指導至少現在可以幫助他，使他不至於成為各種騙子的受害者，這些騙子會敲詐他、會誤導他、甚至有可能徹底毀了他。

他的血液裡
流淌著對女性的信義　堅定的信念
常駐心中
縱然跌倒　縱然落入陷阱
靈魂　絕不會沾染汙泥　找不到方向

—— 阿佛烈‧丁尼生

第九章
放蕩生活的苦果

第九章　放蕩生活的苦果

男子的潔身自好與女子的貞操同等重要。

—— 安提西尼 [20]

我從未聽說過有哪一條美德只適合於女性，而不適合男性！包括女人天性中的端莊與溫柔在內。我還從沒有聽說過有什麼邪惡只會毀滅女人，而男人則毫髮無損。

—— 史威夫特座堂主任 [21]

「是誰將花柳病帶入了家庭，毀掉了無辜的妻子和孩子的一生？」

普林斯・摩羅 [22] 博士在回答上面這個令他飽受折磨的問題時說道，「通常，那些有事業、有社會地位，表面上生活規律、正統的人，暗地裡卻縱容自己。他們認為這種放蕩的消遣並無害處，但卻因此染上了梅毒。」

再沒有什麼邪惡能夠比放蕩的生活帶來更為凶險的後果了，而人們竟然還對此美其名曰「風流」。後果同樣可怕的是，迄今為止，這個社會竟然如此寬容的對待這種現象，甚至大多數生活上從未出過問題的男人和女人也認為這沒什麼大不了

---

20 安提西尼（Antisthenes，西元前 445 ～前 365 年），古希臘哲學家，蘇格拉底弟子之一。

21 強納森・史威夫特（Jonathan Swift，西元 1667 ～ 1745 年），英國 - 愛爾蘭作家、座堂主任牧師、詩人、諷刺作家和激進分子。代表作：《格列佛遊記》、《一隻桶的故事》、《書的戰爭》等。

22 普林斯・摩羅（Prince A. Morrow，西元 1846 ～ 1913 年），美國著名皮膚學家、性病學家。青少年早期性教育的倡導者和推廣者。

的。事實上，人們似乎認為這是年輕人必然要經歷的事情，事後他們會更強壯更聰明。我們也可能會這樣說，一塊大理石上面有一團墨漬反而會顯得它更潔白、更純淨。或許美國農業部也可以建議農民在播種麥子時，順便播種些雜草或荊棘，以便增加收成。

然而，許多年輕人在父親的影響下，在醫生的建議下，或從其他的讀物中總結到，為了健康起見，在婚前適當的滿足性慾無可厚非。

我們常常聽到一些聰明的，受過良好教育的父親如此包庇縱容自己放蕩不羈的兒子，「男孩終究是男孩，偶爾放縱一下會讓他更強壯。」

有人認為年輕人的放蕩生活 —— 也就是說對粗俗、不道德行為的縱容會讓他們更好的適應生活、更強壯、更聰明、更正常。這種理念最終會讓人類思想裡抱有的幻想破滅，因為它是一種最有害的、最致命的欺騙。那些認為男孩子只有經歷過放蕩才能成為男人的父親，根本就不配當父親，政府應該開除這種人。

然而，有些父親卻鼓勵自己的兒子去從事一些不道德的行為。我認識一個著名的醫生，他竟然寫信給自己正在讀耶魯大學的兒子，告訴他為了健康起見，讀書期間他不妨在紐哈芬找一個女孩和他生活。一個對自己的兒子提出這種建議的父親，應該因精神謀殺而遭到大法官的控告。這個例子最後導致的結果是，兒子走向了墮落，在人生和事業剛剛開始的時候健康就完全毀掉了，因此，他對給自己提出罪惡建議的父親感到厭惡

第九章　放蕩生活的苦果

無比。

　　還有許多年輕人，在他們放蕩的同時，還染上了其他的一些壞習慣，這種壞習慣影響著他日後的每一步，為他的終身帶來障礙。如果一個男人道德敗壞，他可能就會降低到畜牲的等級，永遠也不會明白什麼才是真正的美德，他永遠的失去了更高階、更美好、更成功、更幸福的生活。但是對於一個本性並不壞的男人來說，如果事情到了這個分上，那麼生活似乎就只不過是一場捉弄人的玩笑而已，就像出現在自己面前的一杯愉悅之酒，帶著誘惑來到了唇邊，結果卻被無情的打翻，自己只能對著永遠無法擺脫的情慾惡魔留下來的芬芳渾身顫抖。他會勇敢的把快樂的一面留給這個世界和其他似乎也很快樂的人，而面對自己時，只能讓沉悶的、自嘲的笑聲在靈魂的軀殼中久久迴盪。這種男人或許生來就具有成為「悔恨詩人」的，令人叫絕的天賦。

　　　　雖然侃侃而談的嘴唇會迸發出智慧
　　　　心中會洋溢出陣陣歡樂
　　　　午夜時分
　　　　卻不再有希望繼續生長
　　　　只有常青藤的葉子
　　　　灑滿殘敗的六角花環四周
　　　　不再翠綠
　　　　也毫無生氣
　　　　只留下滿目的蕭瑟與蒼白

　　許多男孩從小在一種理念下長大，他們認為去妓院並不算

多大的罪惡，罪惡程度不及勾引一個純潔無辜的少女的百萬分之一。我常聽父親們說，他寧願自己的兒子去找一隻雞來，也不願他去勾引一個純潔的女孩，也不願他去娶一個社會地位低於自己的女孩為妻。我認識的一個人告訴自己的兒子，最需要當心的事情，便是和女人亂來時候別讓人抓個正著！

不必見怪，像這種臭名昭著的道德標準和這種教育孩子的基本思想不僅毀掉了成千上萬的男孩，而且還威脅到了成千上萬的女孩和婦女的幸福生活。

所有這一切最終會有什麼下場呢？有些人認為，男人的身體結構是大自然的疏忽，為了保持健康就得變得禽獸不如，這種可怕的謬誤最終會被推翻。世界上許多優秀的醫生在世界上到處宣傳，希望推翻荒淫能夠讓年輕人保持健康的錯誤理念。威廉·高爾斯[23]公爵在倫敦醫療協會上的演講中說道，「雖然偽生理學宣導和允許放縱性行為，許多人以此為由支持這種觀點，這種觀念在年輕人中也很盛行，但是，這絕對是錯誤的。我相信，目前還沒有人因為潔身自好而退步一點點，更沒有人因為放縱自己而進步一點點。」

安德魯·克拉克[24]公爵則用強調的語氣聲明，「潔身自好促進整個人的品格，它能讓人精力旺盛、目光敏銳。」

另外一名著名的醫生說，「各個年齡階段的男孩子在耳濡目染之下，腦子裡就會有這樣一種概念：『他們告訴我，節慾

---

23 威廉·高爾斯（William Gowers，西元 1845 ～ 1915 年），英國神經學家。

24 安德魯·克拉克（Andrew Clarke，西元 1824 ～ 1902 年），英國政治家、軍官、曾任澳洲總督。

第九章　放蕩生活的苦果

對我有害，對我的健康有害。』這可真是杜撰出來的最大謊言，人們發明這個謊言只是為了掩蓋自己的罪行，這種欲蓋彌彰根本就沒有事實依據。」

在《英格蘭國家社會科學研究教育年鑑》一書中，我們看到了這樣一個重要的段落：「我們希望醫生們能夠明確指出，並積極駁斥年輕人當中普遍存在的，節慾對身體有害的錯誤思想，必要時醫療權威機構要給出裁定。」

醫療權威機構的陳述具有強大的力量，它不僅可以埋葬縱慾有益男人健康的古老謊言，而且還能證明恰好相反的理論：縱慾能夠毀掉男人的健康。

最起碼有一點我可以肯定，年輕人單是了解到或者意識到沉溺於這些噁心的、不潔淨的被稱作「風流」的放縱行為會嚴重影響到健康，就足以令他們為之色變，並有所改變。

當醫生告訴年輕人，他們染上了可怕的性病，就算是堅持治療，也要花上三、五年的時間才能痊癒，或者永遠也不可能治癒時，他們的感覺往往是徹底的絕望而不是痛苦。對於即將結婚的男性來講，尤為如此。許多缺乏道德準則的年輕人，沒有勇氣將自己的問題和盤托出，或告訴自己的未婚妻，只能將婚期一拖再拖。最後的結果很慘，他從此一蹶不振，最後死於拚命傳播這種可怕瘟疫。

不久前，一個極度痛苦的年輕人帶著後悔和羞愧，在自己舉行婚禮的那一天結束了自己的生命。他的醫生告訴他，由於自己身患性病，所以已經不適合再去結婚，他必須將婚期推遲。但是婚禮的日子已經定好，他實在是無法面對深愛自己、

信賴自己的女孩，所以，就在他的新娘在教堂等著他的時候，他自殺了。

另外一名優秀的醫生也講了一個悲劇故事。有一次，他應邀參加一個漂亮女孩的婚禮，婚禮一定會很熱鬧，因為男女雙方所在社群的菁英人物也會來參加。然而，就在婚禮的前一個星期，這個年輕人與幾個朋友一起出去為慶祝告別單身「風流」了一次。之後，他感覺不適，去看醫生，醫生明確告訴他必須推遲婚禮，但同時也告訴他，他任何時候結婚都等於是犯罪。婚禮的前一天夜裡，這個年輕人開槍自盡了。

人們對於風流放蕩之事的懲罰如此輕描淡寫，婦女一直以來都對這件可怕的事情所產生的嚴重後果全然不知，所以，我們才會常聽到一些頭腦發熱的、根本不知道什麼才是男人味的女孩在談論男人時，會這樣說，「哦，他可太棒了。我喜歡那個風流的傢伙，他有那麼多的經歷，他了解什麼是生活。那些沒見過世面的，在籠子裡長大、整天拽著媽媽衣角的男人都是些沒用的傢伙。」

這些滿腦子幻想的女孩以及其他任何一個女孩或婦女，如果他們嫁給一個不潔淨的、不道德的男人到底意味著什麼。她們根本就沒考慮到「風流」將會有什麼樣的後果，她們做夢也沒有想到過「風流」過後，注定會收穫什麼樣的果實。

實際上，從長遠來說，她們才是最大的受害者。男人的「風流」所導致的最可怕的後果往往由無辜的、被蒙在鼓裡的妻子和未出世的孩子來承擔。

一個有名的醫生估算，在這個國家外科醫生為婦女所做的

第九章　放蕩生活的苦果

手術中，絕大多數是由性病所引起的感染。同樣，大多數因炎症感染導致死亡的女性中，她們的感染也是由性病引起的。

有無數容易相信別人的年輕妻子遭受著難言的苦痛，這些痛苦都是因為自己的丈夫在外面風流時染上了性病，然後又傳染給了自己所導致。在以前，這些無助的受害者一直不知道她們生病的真正原因，因為男性醫生不會將實情告訴他們，她們也不知道自己的可憐的孩子為何會畸形。

我們都知道，孩子智力上的遲鈍以及身體上的畸形甚至怪胎都是男人在外面「風流」的苦果。

僅在 27 個月內，就有 600 多名情況嚴重的兒童被送往了芝加哥兒童醫院。他們都是性病的受害者，是他們的父親將自己得病遺傳給了他們。這些孩子中，有 29 個還不到 10 歲。有人說，「毫無疑問，他們許多都是這種可悲的傳統的犧牲品，身患不治性病的男人讓無辜的人為他付出了代價。」我們都聽說過，只因為父親犯下的罪惡，有無數的孩子一出生眼睛就看不見，或在出生後不久失明。

一個男人該如何面對自己親生的骨肉，無辜的孩子身上帶有自己罪惡情慾的證據？面對自己的罪行終身的詛咒，如何能不受到良知的鞭撻？正是因為有了這罪惡中的罪惡，才會產生一大批精神病人和罪犯，才會有性墮落者，才會有白痴、低能兒和身體殘疾兒童，才會有幾萬名虛弱多病的孩子。

我們隨處可見那些不幸的無辜的孩子，他們的生活將是徹底的殘缺或毀滅，只因為父親犯下的罪。許多人是侏儒、畸形、身體或智力殘疾、以及伴隨終身的過敏反應。父親之罪孽

將會以各種形式在孩子、孩子的孩子身上表現出來。

我們也可以想像一下那些不幸的母親，她們不得不忍受雙倍的痛苦，除了自己因疾病去做手術的痛苦外，還要看著孩子遭罪！

一位朋友向我們講了一個悲慘的例子。芝加哥一位獨居的母親從她的丈夫那裡感染了很可怕的疾病，忍受著極大的痛苦。這位不幸的母親十分害怕自己的疾病傳染給孩子們，於是她決定，如果沒有其他的好辦法不讓自己的孩子被傳染，她寧願主動的永遠離開他們。

我們永遠也無法統計，到底有多少女性因為嫁給了不道德的丈夫而毀掉了健康。一位博士說，「有多少年輕女性，伴隨她們婚姻而來的還有某些疾病，她們的一生過得淒涼而悲慘。他們被丈夫潛伏期的疾病所傳染，整個人生和個性都為之而發生了改變。她們忍受著腰酸背痛、泌尿系統紊亂、急性腹膜炎。她們失去了自己美麗的容顏，整天無精打采或歇斯底里，流產甚至死亡。」

克麗絲特・潘克斯特[25]在「為首之罪惡」的幾個事實的演講中，引用了普林斯・摩羅博士的一段話，更全面的闡述了妻子所面臨的，由道德敗壞的丈夫帶來的可怕危險。他說，「由婚姻關係所導致的情況將妻子置於一個無助、軟弱的受害者的境地。婚姻紐帶是一道束縛，它完全限制了妻子，讓她們只能被動的接受丈夫可能攜帶的任何性疾病。就在她的新婚之夜，

---

25 克麗絲特・潘克斯特（Christabel Pankhurst，西元 1880 ～ 1958 年），英國政治活動家，英國「婦女社會與政治聯盟」創始人之一。

第九章　放蕩生活的苦果

她就有可能，而且常常是這樣，染上了丈夫的病毒，這些疾病會嚴重影響到她的健康，殺死她的孩子，或者剝奪了她成為一個母親的能力。這些疾病帶走了她對婚姻生活抱有的一切希望和全部熱情。不管從哪個角度來講，她都是最無辜的人。她無法預測自己的未來，也無力阻止傷害。她常常以死來懲罰自己對男人盲目的信任，來懲罰那個因嫖娼染上性病，然後又在不知不覺中傳染給她的男人。大多數受害者都是年輕且身兼美德的女子 —— 人們崇拜的對象，花兒一般的淑女。」

　　一個男子若故意糟蹋、毒害愛他，並且嫁給他的女孩那潔淨、甜美的身體，故意讓自己的孩子遭受他那骯髒的疾病所帶來的後果 —— 畸形、智障、夭折，這種人簡直是罪無可救。然而，這一切的的確確發生了，數量之多已經引起了我們最好的醫生們的注意，他們正在盡全力教育大眾，保護大眾。

　　《女性之家》雜誌社的主編邀請一名傑出的醫生出示了一份關於性問題的統計數字。他說，由於直接或間接感染，今天美國有超過八百萬人口患有性病。僅僅紐約市就有幾萬甚至幾十萬名男女患者，更別說那些受到這些骯髒疾病病菌感染的 5 ～ 10 歲兒童。根據官方的調查結果，黑色瘟疫（性病）堪比歷史上的白色瘟疫（肺結核）。他說，「為什麼有那麼多無辜的妻子被迫實施可怕的手術，為什麼有越來越多的婦女患有不孕症，這一切都能夠被解釋也能夠被避免。我們也可以讓許多無辜的孩子不再被周圍的病菌感染。」他進一步陳述道，「我再補充一點，在 15 ～ 30 歲的年輕男性中，有 80% 的人遭受著直接或間接而來的性病折磨。這些性疾病當中的 35% 足以將母親、祖母

或孩子送入醫院或影響到她們的壽命。聽了我以上的陳述，你就會認為，我們絕對有必要將實情告知大眾。」

許多無辜的婦女和兒童所遭受的痛苦要歸因於一些醫生所謂的行規，迄今為止，醫生們以行規這種陳詞濫調為藉口，庇護著無數罪孽深重的男人們，他們在呈報衛生局的診療報告中，將性病冠以麻疹或水痘之名，因為這樣相對好聽一些。如果天花、霍亂或其它病毒性疾病沒有立刻呈報衛生部門，沒有採取必要的防止傳染的措施，必然會遭到大眾的強烈抗議。如果有誰被發現感染了漢生病，全國上下立刻就會進入警戒狀態，這個不幸的、無辜的患者就會被逐出社群，與文明隔離。但是，僅僅因為制定法律的人是男人，而不是男、女都包括在內的「人」，醫生們才可以不必呈報這種道德上的漢生病，這種所有疾病中最噁心、最致命的疾病。

這種道德漢生病最可怕的特徵之一就是它對於有過身體接觸的人具有驚人的傳染性，會傳染給無辜的人。

不久前，一個非常精明老練、有魅力的年輕男子在即將離開費城的一個社交聚會時，分別親吻了五個與他共舞的女孩的手，沒過多久，這五個女孩全部都染上了可怕的性病，這種疾病讓她們根本就無法結婚，不僅剝奪她們做母親的權利，而且還毀掉了她們的整個生活。

在許多情況下，父親透過親吻或愛撫自己的孩子將疾病傳染給他們。傳播的途徑很多，包括咬鉛筆、毛巾以及不計其數的其他途徑。然而，這種道德漢生病人卻可以隨意實施自己的危險行徑。然而，醫療行業這種替男人犯下的罪行做掩護的職

第九章　放蕩生活的苦果

業道德標準正在經歷著一場重大的變化。以後，那些以無辜無助的人為代價，竭力維護道德漢生病人聲譽的醫生們將遭到所有正派體面的人的抵制。未來有聲望的醫生絕不能是幫助最邪惡的疾病到處傳播的人。即使是人為的法律支持他隱瞞事實真相，但是，如果他的職責事關民眾的健康，他就絕不應該在道德漢生病問題上語塞。

但是，一般老一代的醫生們都會有所顧忌，他們不願意公開做出一些有損於病人聲譽的陳述，在他們看來，洩露職業祕密是不端行為。但是，假如一個人犯了罪，那麼他的罪行會毫不猶豫被公諸於眾，不論這樣會多麼嚴重的影響到罪犯的聲譽。從來沒有人把反社會罪行，把其他一些除了性病之外的疾病資訊看作是職業祕密。只因為對方是自己的病人，就去包庇一個殺人犯或搶劫犯的醫生應該被視為社會的公敵。那麼為什麼法律和醫療行業竟然會支持這種「沉默之罪」呢？它既毀掉了罪犯本人的身體和靈魂，又為其他人帶來難言的痛苦，甚至還會導致他人死亡。

是時候了，我們應該將這種背地裡的不道德行為所帶來的嚴重後果從暗處拖出來，讓每個人都能夠看清楚。如果法律規定在這件事情上每個醫生都必須說實話，如果他不這樣做就等於是犯了反社會罪，那麼，性罪惡這種黑色瘟疫，連同它的幼苗將會大大受到遏制。如果每個年輕人、每個丈夫和父親都知道，他的祕密罪惡將會被公開，他將在家人面前、社群內丟臉，那麼，相對而言賣淫嫖娼活動就會少很多。在制定有關這方面的法律時，如果女性，這種社會公害最大的受害者能夠有

發言權利的話，那麼，很快就會有按照其危害性來定罪的法律頒布。如果目前還沒有什麼好的理由賦予女性投票的權利，那麼，這將會是個合理的理由。男人是永遠也不會制定不利於自己性罪惡的法律的。在女性獲得投票選舉權之前，男人的性犯罪將永遠擁有豁免權。

婦科醫生和婦女組織已經獲得了兩個階段的勝利。愛荷華州和佛蒙特州已經通過了一項法律，要求醫生將性病和水痘、白喉、猩紅熱、麻疹等傳染病視為同一等級，一律呈報衛生部。人們希望，美國其他一些州也盡快效仿愛荷華和佛蒙特兩個州，建立相關法律。

對於男人的風流，最糟糕的一件事就是，大多數男人一旦有過這樣的事，在婚後仍然會繼續三天兩頭去嫖娼，一直到死為止，而他們唯一的藉口便是要不斷提醒自己禁慾。

有一個很奇怪的現象，許多男人在家裡過著循規蹈矩的生活，小心翼翼不讓家人受到任何傷害。然而，當他們一旦離開家，來到了一個遙遠的城市，尤其是到了國外之後，就會做出各種不道德的事情來，而當他們在自己的小鎮或村子裡時，絕不會禁不住這樣的誘惑。

前不久，在東部的一個大城市就有這樣一件事被曝光。一個被看作是鎮上教堂和社區頂梁柱的男人，被發現長期以來在家庭以外過著雙重生活。所謂的那些有頭有臉的人物中這樣的事屢見不鮮。

對大眾輿論的畏懼讓一些無視道德的男人在他們自己的小鎮上還算正經，因為他們害怕成為人們的議論焦點，害怕出現

第九章　放蕩生活的苦果

醜聞。對自己在社群中地位的自豪感，尤其是他們在教堂中的職位會持續對他們產生影響，在他們的良知中，並沒有怕對不起妻子和孩子這一說，他們所顧忌的，是左右鄰居會怎麼說。若不是自我約束的影響和當地道德的監督作用，大多數男人都不會只守著一個女人。然而當他們來到一個陌生的城市，感覺到很自由，在他們的行為能夠不為家鄉的人所知的情況下，他們就會縱容自己低等的本能。

專門做皮條生意的人深知這一點。在大城市中，他們將一些不健康的東西拿給觀光客，而大多數遊客也保留了這些東西。城市裡的人很少光顧他們。在巴黎的許多紅燈區是專門為遊客開放的，光顧這裡的人大多是在他們當地有身分有地位的人。

那些來自鄉下或小城鎮的男人去妓院嫖娼時，根本就沒意識到他們的行為對女性的退化帶來多大的影響。但是，我親愛的男性朋友們，千萬不要離開了家就放鬆了自己的道德觀念，你要知道，在這種罪惡場所裡你所找到的任何一個女孩，都是別人的女兒、別人的妹妹，就像你和你的妻子愛自己的女兒一樣，她也有愛她的父母，在至親的人面前，她的生命也像你自己的姐妹或母親那般聖潔。別忘了，大部分妓女都是無辜的受害者，她們被迫來到妓院來滿足男人最低等的情慾。

不要認為你遠離家鄉就可以遠離責任，就可以遠離亙古不變的自然法則和美德標準。不論你是在什麼地方打破、違反了它們，你都要為糟蹋了男子氣概而付出代價。你會失去對自己的尊重，因此而產生的退化是你永遠也無法逃脫的，你為人類

朝著低等的方向發展做出了貢獻，你為她們的可悲生活增添了新的邪惡，加快了她們的毀滅和退化。所以，你是共犯，在她們毀滅的過程中你難辭其咎，你是對她們進行謀殺大軍中的一員。

不要用這種想法來麻痺自己，認為當你離開家時就可以降低自己的道德標準，就可以拋開盡力不墮落的道德理念，然後回到無辜的、信賴你的家人身邊，心裡想著這些可憐的女孩與我無關，她們只不過是陌生人而已。不，你不能逃避你的罪惡帶來的後果，你的妹妹或女兒說不定也會成為某個罪惡場所的受害者，這是報應，它會以這樣或那樣的形式一次次的和你面對面。

神智學認為，欺負了女人的男人或勾引別人靈魂墮落的人死後，靈魂將永遠受到他生前曾傷害過的靈魂的折磨，這些曾被他傷害過的靈魂會一直跟隨著他，直到他的靈魂被可怕的痛苦所淨化，變純潔為止。

不論我們是否相信這一理論，我們都不能忽略一個事實，那就是不管我們做了什麼壞事，老天爺定然會在某時某刻來找我們算帳。我們都知道，宇宙有它自己的科學法則，我們也知道，物質的微粒不管多麼微小，都不會消失，每個起因都會與一定的後果相對應，人無法逃脫這種宇宙法則的作用。那些曾經傷害過女性的男人不定會在什麼時間、什麼地點遭到報應，受到懲罰，這是必然的。在這個世上，認識他的人或許永遠也不會知道他的禽獸行為，但是，無論他將自己的罪惡隱藏得多麼深，那個罪惡的靈魂最終將會付出可怕的代價。鑒於以上

第九章　放蕩生活的苦果

幾點，神智學的理論也不無道理，雖然說那些在「性」方面罪孽深重的人不一定非得到了另一個世界才會為自己的行為受到懲罰。

一位歷史學家在談到男人好色的受害者——女人時說過這樣一句話，「女性是歷史上最悲哀、最糟糕的人。她的命運隨著宗教的道義和人類文明而起起落落，她是人性罪惡永遠的犧牲品，總被人類的罪惡糟蹋得滿目瘡痍。」

再過多久我們的社會才會懲治這些人類文明的汙點呢？我們的性罪惡還要持續多久呢？我們還要將厄運之石砸向女性，讓男性溜之大吉，然後沒完沒了的讓女性以「歷史上最悲哀、最糟糕的人」的角色出現嗎？

現在，知識和真理之光已經照亮了許多黑暗的地方，要想確保不再讓男人的自私與獸慾繼續毀滅人類文明的花朵，這一切要取決於眼下這一代人的努力。

男人的放蕩生活，以及隨之而來的可怕後果——人類的不幸、退化、犯罪和死亡必將一去不復返。

第十章
江湖郎中與「男子氣概的缺失」

第十章　江湖郎中與「男子氣概的缺失」

在我的心中
珍藏著這樣一個男人
他不做情慾的奴隸
為此他將永駐我心

—— 莎士比亞

一個故事講到，有一個倍受疾病折磨的男子四處求醫，想要找到治療的方法。他嘗試了各式各樣的方法，尋遍了所有名醫卻始終未能痊癒。一天晚上，他夢到有一個幽靈來到了自己面前對他說，「老兄，你是不是已經將所有的方法都試遍了？」這個男子回答，「我已經全部試過了。」「不對，」幽靈說道，「跟我來，我要帶你去一個治療的地方，你以前沒有注意到它。」於是這個生病的男子就跟著他。幽靈將他帶到一個池塘邊，池塘中的水清澈見底。幽靈對他說，「跳入這個池塘中，你的病一定會好。」說完後，幽靈消失了。這個男子跳入水中，然後又上來。真想不到！他的病竟然好了，與此同時，他看到池塘的水中浮現了一個詞 ——「摒棄惡習」。

雖然這個男子一直都藏匿著一種罪惡，但是在池塘裡潔淨、清澈的水中，他已經徹底洗去了這種罪惡，病自然而然也就好了。

要想成為一個強壯、心地純潔、高貴的男子，摒棄惡習是必然的代價。如果在你心中開著一朵潔白的花朵，你必然能夠抵禦一切將你引入罪惡的誘惑，你一定會遠離那些有損於你的男子氣概、對你的榮譽抹黑的東西。

愛迪生在講到自己年輕時候，其他年輕人邀請他去喝一杯，去和他們一道放縱時這樣說，「我覺得自己的大腦有更好的用處。我要把大腦全部的力量都用上，我希望能夠提高生命的效率，而不是降低它，更不想讓它退化麻木。我可不想給自己找個敵人回來，讓他偷走自己的智慧。我要做的事情應該能夠增加而不是減少大腦的活力；應該提升而不是降低我的潛力；應該擴展而不是破壞我的資源。它應該提高我的調查能力、發現能力，能夠促進而不是破壞我的發明東西的能力。我對自己說，『我絕不會和這個人類最大的敵人，這件比世界上任何一種東西更能讓無數男女受害、毀掉更多事業、破壞更多幸福的事情扯上任何關係。』」

　　世界上有幾處地方，那裡清澈的河流將要匯入其他幾條被該地區工業排放汙染的河流中。下游的河水被各種化學物質汙染，變得渾濁骯髒，工廠無法再使用河裡的水了。在一些很長的流域中，這些河流雖然是並排流動，但卻被很明顯的劃分為潔淨和汙染河道。但是，隨著它們漸漸流入大海，它們就會交匯在一起，過不了多久，潔淨的河流消失了，骯髒的、渾濁的河流吞沒了每一滴乾淨的河水。

　　生活中，我們也能夠看到類似的事情。一個本來純潔正直的年輕人，周圍和他往來的人卻淨是些低級下流之輩，那麼久而久之，耳濡目染，這個如同一股清澈的涓涓溪流般的年輕人最終會受到汙染，消失在黑色的汙濁的河流中。

　　如果你不幸已經受到了周圍環境的這種汙染，那也不要失去信心，認為再也沒有洗去汙濁，還原清白的希望了。最重要

第十章　江湖郎中與「男子氣概的缺失」

的一點是，千萬不能去求助於江湖騙子或廣告中宣傳的治療方法。

有1%的年輕人上了這些廣告的當，身體被嚴重傷害。這些廣告用很隱晦的語言描述了性墮落的可怕後果，通常寫這些小冊子的人總是趁警察不在的時候，在街頭偷偷摸摸的將它們散發出去。他們這種行為是不合法的，這些小冊子名為備忘錄，實則包含了許多關於年輕的錯誤所導致的可怕後果，以及由性罪惡所引起的種種疾病的蓄意描繪。

所有這些醫療惡棍都是衝著錢來的。他們壓根就不為這些為自己的健康焦慮不安的年輕人著想，他們會心安理得的將年輕人所有的錢財洗劫一空。我知道許多這樣的事例，他們給年輕人的建議是：去借錢甚至賣掉自己的東西，也強於承擔終身不治之症的後果。我認識許多大學生，他們典當自己的衣物，用自己的書做抵押，從同學、朋友那裡借錢，表面上是其他的理由，實際上卻是要購買所謂的「保證治癒」的藥方，或者去獲得廣告上所描述的「祖傳祕方」。有成千上萬這樣的年輕人，他們本質上其實都是純潔善良的，只不過是偶爾在極大的誘惑面前犯過一、兩次錯，但他們的平靜和幸福卻被這些微妙的廣告嚇跑了。

江湖醫生告訴這些犯過年輕錯誤的受害者，一滴精十滴血，說這種話彷彿就像是在說，心臟裡的血液要比腳上的血液更寶貴！他們用模稜兩可的語言描述了精神不振、性功能受損，以及其他性罪惡活動過後，所產生的各種症狀。他們的描述極為生動，足以讓年輕人豐富的想像力不由自主發揮作用，

於是，他們不停的觀察著自己的情況，看有沒有什麼症狀出現，直到整個人的思想徹底失去了平衡。很多情況下，感到困惑的年輕人常常精神恍惚，思想無法集中到工作或學習當中。他的父母與老師無法想像他到底怎麼了，因為他們看不到這個剛剛成熟的年輕人心中所承受的煎熬，這種煎熬正在一點點吞噬這個年輕的生命，使他漸漸失去生機。

雖然由性方面的不慎所引起的後果不容忽視，但是對於這些鬱悶而焦慮不堪的年輕人來說，了解這方面最基本的正確知識的人，或許只占 1%。他們的懼怕恰好是那些江湖騙子的可乘之機，這些醫療惡棍利用這一心理大肆做廣告，然後敲詐年輕人。這些邪惡的廣告人是專門等待魚兒上鉤的行家，他們知道如何下餌，最終讓受害者覺得自己的症狀符合廣告上面的描述，最終走進自己的辦公室裡。

這些醫療騙子往往這樣來描述自慰患者的症狀，「早晨起床後感覺昏昏沉沉，起身時頭暈目眩，口乾口苦，精神恍惚，思緒不集中，總是想一些亂七八糟的事情。緊張不安，意志消沉，虛弱感，無精打采，沒有理想，對生活失去信心。」「自閉」也是他們所強調的一個症狀之一，具體表現在喜歡獨處，總躲著人。

其實，這是每一個少男少女在快速發育階段的普遍現象，在這個階段裡，人的大腦和身體都會發生微妙的變化。就算是最單純、最純潔的男孩子，如果他的身體和思想一下子發生了極大的變化，他也會受到影響，產生這些症狀。

當然，這些庸醫們還不僅僅是將這些青春期存在的普遍症

第十章　江湖郎中與「男子氣概的缺失」

狀列舉出來，他們還十分清楚，性功能和人的大腦有著密切的關聯，所以，當一個人在「性」方面出現了問題時，大腦也會嚴重受到影響，於是，他們利用這一事實牢牢的抓住了年輕人。他們知道如何用他們那該死的文學來描述年輕人性濫用和不檢點行為以及性罪惡所導致的後果。因此，那些對自己想得較多的人很容易就會成為這些不道德呼籲的受害者。

我認識許多在校學生，其中包括一些大學生在內，他們非常擔憂自己的性功能是否已經毀掉了，所以他們無法集中自己的精力，在班上學習成績一落千丈，有的甚至不得不因此而休學回家。有些年輕人甚至因此而患了精神病，而他們的父母還一直以為問題是出在過重的學業上，或其他身體的疾病上。

如果有可能的話，我希望全國上下的年輕人都能夠引起注意，一致抵制這種文字的作者和發行者。

我的年輕朋友們，他們所做的事情，並非是在關心你們的健康，而是在關心他們的錢包。他們所寫的那些東西讓你覺得是在為你而擔憂，急切希望能夠幫助你，讓你覺得他們是要拯救你於水火中。就算你的行為中絲毫沒有表露出你的擔憂，但他們卻深知你對這個話題有多麼敏感，你的恐懼之心是如何產生的。但是，他們也知道，哪怕你有那麼一點點懷疑，害怕自己所做的錯事會對自己產生影響，你就極有可能成為他們這種旁敲側擊的受害者。他們深知，透過引誘或欺騙，有人就會拿著錢前來諮詢，或者購買他們的江湖藥方。任何一位聲譽良好的醫生都不會對這種藥方持有一絲一毫的贊同，他們深知，這些藥物根本就沒有任何治療價值。這些可惡的廣告中宣傳的偏

方根本就不具備任何技術、知識、藥品、療效，根本就不值得年輕人用金錢去做交換。

在他們的廣告宣傳中，我們常常會看到一位留著長鬍鬚、面容慈祥的長者的圖片，他被描述成為保護神，並且還是某個「拯救犯錯男孩組織」的負責人。但實際上，這個組織的首領根本就不是圖片上這位長著鬍鬚的，讓人尊敬的長者，而是一個十足的醫療惡棍，他的凶殘和貪戀使他的面目令人反感，如果印在廣告上，定會嚇跑所有顧客。我認識芝加哥一個最卑鄙、最殘忍、最貪婪、最沒有良知的人，他化名為老布蘭克醫生，謊稱自己已經從毀滅中拯救了無數年輕人。像他這樣的人以及他們的機構就是在行騙，法律應該禁止這種庸醫行醫，他們的宣傳冊也應該被禁止印刷。

如果你不幸出於無知或其他一些原因違反了性本能規律，能夠挽回錯誤的第一件事就是將你的思想恢復正常。不要總想著自己沒救了，你在走向墮落，你會變得失去男子氣概，會從身體上、精神上和道德上成為廢人，最重要的一點，不要去有病亂投醫，輕易聽信廣告上的藥物或治療方法，也不要去看那些江湖郎中所發的宣傳單以及他們的各種描寫。這些東西只能毒害你的思想，寫這些東西的人會把你騙得一文不剩。

為什麼呢？讓我來舉一個例子。不久前，我認識了一個男孩，他幾乎花掉了自己所有的錢購買了一條神奇電子腰帶，據說這條腰帶能夠恢復他失去的男性功能，並且將他從邪惡的慾望中解救出來。當然，這種東西沒有產生任何作用，他的錢全部都打水漂了。他告訴我，在此之後他又花了幾百美元嘗試了

第十章　江湖郎中與「男子氣概的缺失」

各種廣告宣傳的藥物、器具和建議，但都收效甚微。最後，他在一個社交場合認識了一個美麗純潔的女孩，並和她相愛，最後，他所有的毛病不治而癒，恢復了正常的生活。他解除了自己的困擾，最後與這個對他的一生產生了影響作用，拯救了他的生活的女孩結婚了，他們現在生活得很幸福。

那麼，正在遭受不幸的朋友們，不論你在哪裡，你都要牢記，不論你的性罪孽有多麼深重，你都有可能將自己的情形看得過於嚴重。那麼，你的思想可能就會出現不正常，你就會感到很困擾，覺得自己的毛病已經沒希望了，那麼，假如你是一名大學生，你就無法集中心思學習，如果你已經工作，無論是從事體力還是腦力工作，你都會發現自己無法使出自己全部的力量和智慧。我所知道的最糟糕的情況是，一些原本很優秀的年輕人，他們只因在極大的誘惑面前未能把持自己，或者是出於對錯誤性質的一無所知而做了一些錯事，這些事情很大程度上影響著他們的思想。當他們意識到性罪惡的嚴重性時，他們徹底失去了信心，認為恢復原來的自己無望，於是不斷墮落，最終導致毀滅。

知錯能改，善莫大焉。但更大的可能性是，你對自己的情形過分悲觀，失去了本應擁有的自信。在下一章裡，我將給出一些有關自我治療的建議。

然而，你首先應該去做的一件事，就是要下定決心戰勝自己。作為一個男人，你一定要與一直控制著你的任何不良習慣徹底決裂。讓自己的思想盡量保持健康和理智，徹底擺脫性問題的困擾。你要讀一些純潔、健康、向上的文學作品，這樣你

的腦海裡就會充滿高尚的想法和念頭。這將是你最大的敵人——情慾的念頭、想像以及不良社交夥伴的剋星。你的思想越純潔，你就會恢復得更快、更徹底。

不要讓自己老想著那些和性有關的事情，不要去聽那些黃色故事，也不要去含沙射影那些應該嚴肅對待的事情。只與思想潔淨的人打交道，關心自己的母親和妹妹，如果你有自己的戀人，盡可能多的和她交流。和純潔的女人在一起對恢復自己有很大的幫助。它會讓你為曾經有過的罪惡念頭而羞愧。

時刻牢記，純潔就是力量、創造力、效率和幸福，它也是一個人能夠擁有理想的婚姻、家庭幸福的基礎。同樣也要記住，你應該認為自己有責任為你夢中的女孩、你希望廝守終身的女孩保持思想和身體上的純潔，就如同你希望和她攜手走入婚姻殿堂時，她與你一樣純潔無瑕一般。

你能否恢復的祕訣並不在於那些庸醫術士的藥物和治療，而是在於你自己，你思想上的態度，你想要呈現出自己最好一面的決心，想要過著崇高、最高境界生活的決心，而這一點對每個正常的年輕人來講，都是可能的。

當你看到自己身上閃耀著的聖潔之光，感受到它催人向上的力量時，當你學會信任上帝對你的幫助時，當你發現這一切能夠幫助你擺脫罪惡的奴役時，你就會發現，人性中的神聖總是占上風的。此時，再不會有任何邪惡的力量能夠在你面前立足了。「人的貞操令他出淤泥而不染。」

另一方面，世界上再沒有什麼比骯髒、墮落的生活更能夠將上帝拒之門外了。墮落成性的人，其靈魂將不再向上，只是

第十章　江湖郎中與「男子氣概的缺失」

一味的沉溺於道德腐敗之中，靈魂的變形會隨著每一次的墮落而加劇。

我們很容易就會忘記，生活是神聖的。它會讓一個尊重自己的人不斷進步，讓人感覺到生命來自於上帝，生活是過去的痛苦與歡樂點滴的集合和對未來的所有希望。如果一個人明白這一點，他就會用意志去摒棄短暫的滿足感，以便保持生活的純潔、強勢、不可戰勝。

一個人優秀、堅強、單純的個性與他優秀、強壯、清白的身體密切相關。通常，人性特徵的退化是從對個人衛生的忽略開始的，這個人很可能會不在乎自己的廁所、浴室裡的細節，也不太注重外表裝束。保持個人衛生乾淨在很大程度上有助於一個人精神和道德上保持潔淨。潔身自好的意識尤其能增加一個人自我尊重的程度，能讓整個人都進步，能提高能力，讓思維更清晰，讓人志向遠大，激發人的精力和活力。不論是冬天還是夏天（如果你反應敏捷），每天早晨洗一個冷水澡能夠對身體和思想產生振奮作用。

生活習慣規律、簡單的飲食、盡可能多的戶外鍛鍊和睡眠、健康的娛樂活動、與思想崇高氣質高貴的人交往，所有這一切都有助於一個人過著純潔、簡單的生活。

但話又說回來，這件事情與其他任何形式的疾病或罪惡都有一個共同點，那就是一分防勝過十分治。你無法預知未來會發生什麼，你將得到什麼樣的榮譽或提升，所以，你不能讓過去的某件不光彩事情令你難堪，阻礙了你的前程。

許多已經獲得很高的社會地位，廣泛贏得大眾信任的人，

如果可能的話，他們寧願不惜一切代價來抹掉自己年輕時有汙點的歷史。那些早已被他自己忘得一乾二淨的往事，卻在他成為政界或某個重要職務的候選人之時，又被重新翻了出來。這些零碎的已經被遺忘的只存在於想像中的片段，就像是一條條無法逾越的橫欄，出現在你前行的道路上。

我認識一個非常富有的年輕人，他在年輕的時候也有過荒唐風流之事。但是今天，他覺得，如果能夠將自己這段愚蠢的歷史抹掉，他寧願捐出自己的大部分財產。

「年輕人，一定要讓自己的歷史保持清白啊！」這是約翰‧巴塞洛繆‧高福[26]在費城的一個講壇上做生命中最後一次演講時，在結束語中大聲疾呼的一句話，他將自己一生的演講教學精華都濃縮在了這句話中。毫無歷史汙點的年輕人是無所畏懼的年輕人，是他人生中獲得成功的最大幫助，甚至連一個人的體力都取決於他的歷史是否清白。

大學中的醫療指導告訴我們，對於一個打算參加競爭激烈的比賽的運動員來說，嚴格禁慾是獲得成功至關重要的一點。他們說，比賽中經常有這樣的事發生，有些運動員在重大比賽中莫名其妙失利了，事後人們才發現，是他們違背了貞潔的法則，因此讓自己失去了活力，讓自己的精力和耐力慢慢流失，這樣一來就會輕而易舉的被競爭對手擊敗。

醫生們都知道，保留性體液能夠讓一個男子腦力和體力都保持充沛的活力。這種活力能轉化成為大腦的力量，變成創造

---

26 約翰‧巴塞洛繆‧高福（John Bartholomew Gough，西元 1817～1886 年），
美國禁酒運動演說家。

力和身體的活力。而另一方面，這種力量的慢性丟失會引起思想、道德以及身體方面的退化。任何性力量的流失，尤其是在未成年階段，都會匱乏、阻礙一個人身體和思想上的發展。

飼養動物的人都清楚這一點。他們知道，要想讓動物達到最高的體格標準，就要在牠未長成之前一定要精心看護，防止性力量的過早流失和消耗。即使是沒受過什麼教育的大老粗也明白這一自然法則，也會將還未成熟的雄性家畜與雌性家畜隔離開，一直到牠們體型長到最大為止。

遠大的生活目標最能夠確保一個人的純潔。高尚的想法能夠攔截一切低俗的念頭和欲望。骯髒的蜘蛛總是在空房間裡結網，就算有再多的誘惑，忙碌的人也會無暇顧及，而整天閒著的人，總免不了會生出事端。所有的邪惡之事總是衝著遊手好閒之人而來，就像一個天性邪惡的人就會受到淫窟的吸引，跑去找樂子，而能夠引起邪念的壞事情往往對空白的大腦極富吸引力。就像臭蟲、細菌以及其他各種噁心東西總是聚集在不流動的臭水溝裡一般，一些不良的事物也容易在呆笨的大腦中安家。一條溪流從山澗飛流而下之時，是那麼的清澈透明，但是，當它到達山谷，不再流動時，就會變成一切邪惡、骯髒、醜陋事物的融會點。一個積極思維的人，一個從事高貴職業的人，往往是一個保持身體各部分乾淨、強壯、純潔的人，而一個閒散的人，一個整天無所事事的人，往往就會退化墮落被汙染。現實生活中，我們也不難發現無數悠閒使人墮落的事例，一部分徒有外表的年輕人，他們在生活中除了享樂，再沒有其他事情可做。

如果你「駕著馬車去追星」，不停的朝著理想的目標前進，一切不良的思想就無法將你控制，你也不會經不住誘惑，做出誤用或濫用性本能這種人類最神聖的本能的事情來。保持它的完整和純潔能夠帶給你最大的幸福，能以最大的程度提高你的效率。你會像威靈頓公爵（Duke of Wellington）那樣一生清譽，倍受愛戴。這位偉大英雄的離去讓全英格蘭人民舉國哀悼，丁尼生在他的葬禮致辭中這樣說道 —— 無論是從哪個角度來看，他都無悔於心。

第十一章
重振雄風

第十一章　重振雄風

子曰：「德不孤。必有鄰。」

—— 論語・里仁第四

若美德不堪一擊，
天堂亦將不復存在。

—— 約翰・米爾頓

西元 1862 年 9 月 22 日，林肯總統公布了《解放奴隸宣言》後，在日記中寫下了這樣一句莊嚴的誓言：「我向上帝發誓，永遠不會做這樣的事。」

這正是這一具有劃時代意義的宣言得以頒布所邁出的第一步，是它讓一個受奴役的種族獲得了自由。

如果你此刻正遭受著某些不良習慣的奴役，你要想獲得自由，第一步要做的就是要向上帝承諾，你有堅定的意志去獲得自由。你可以像林肯一樣，將這個承諾悄悄寫在日記裡，孤獨之時，不斷的再去翻看它，堅定自己心中的信念。這種不斷在耳邊督促你的自我療法或許對糾正不良習慣具有神奇的效果。

在某個大城市的一個男孩俱樂部中，如果哪個男生在上他們的自主課程時，破壞了規則，這個成員將受到懲罰。其中一條懲罰是這樣的：被指證說了髒話的男生，必須將這句話重複寫上兩百次。「這個習慣可真蠢！」經歷過幾次罰寫後，他或許就會意識到，他這個習慣的確是相當蠢。

如果你已經形成了一些自我放縱的惡性習慣，無論是親自去做，還是沉溺於汙穢不堪的想像中，你的思想，你的人也會

因此而退化，那麼，與這些習慣徹底決裂、克服這些壞毛病的最好方法就是精神或口頭上做淨化治療，不必要寫下來，尤其是在晚上休息之前。你可以和自己說一些類似下面一段話的東西：「我知道，這個壞習慣會毀掉我的生命力，我已經不如從前那麼有活力，有男子氣概了，我的大腦也不再有創造力，我的身體和頭腦已經大不如從前了。我的思維不是很清晰，因為我的大腦已經開始犯糊塗，我的精力已不像過去那麼集中，過去不曾有的困擾正在讓我煩惱，我快要崩潰了。」

「這種讓人意志消沉的習慣讓我處在生活中極為不利的狀態下，它拖著我的後腿讓我無法前進。我知道，自己的能力不只這些，我能獲得比其他人更多的成就，現在，我要戰勝自己，克服這個毀了我的生命力，讓我的生命漸漸枯萎，毀了自己前途的壞習慣。我要不惜任何代價把自己解放出來，恢復自我尊重，恢復我的男人氣概。我要做一個真正的人，而不是一個行屍走肉。」

要時刻將自己所下的決心 —— 擺脫惡習的決心牢記在心，不斷自我暗示，讓自己厭惡它，反覆告訴自己要與它決一死戰，這樣才能不斷加強自己的意志力。

要讓自己的思想裡充滿能克服感官慾望的想法，並養成這樣的習慣。當心那些刺激慾望的微妙的暗示，一遍遍的重複自己的決心，不要讓生活毀在不健康的情慾上，用你堅強的意志抵禦誘惑的力量，它將有助於你消滅慾望。當你受到誘惑和困擾時，就對自己說：

「屈服於這種慾望的男人不是男人，他會降低我整個人的

層次。不論別人如何對自己說風流可以讓你成為一個大人、讓你更完整、讓你更開眼界，你都不能這樣做，就算其他人這樣做，你也不能這樣做。我知道，這樣做會讓我憎恨自己，我知道，上帝從來沒有認為這樣的事會對我的成長和健康有好處，這樣做只能讓我鄙視自己。我不能犯放縱自己，讓自己養成沒臉面對自己，也沒臉面對他人的壞習慣。」

「我十分清楚，我心裡的想法會散發出來，因為我們會將大腦裡想得最多的東西不斷傳遞到別人的思想中，所以我會留給別人一個不潔淨的印象。如果我沉溺於這種習慣，別人必然會從我的臉上看到後果，我無法再去看他們的眼睛。我會為自己違背了最聖潔的法則而感到不安，所以，我會將這種自責傳達給他人。」

你必須用相反的東西取代迄今為止你已經留在你腦子裡的不潔想像，你必須讓自己的大腦裡充滿格調高雅的、健康的、向上的東西。在清理自己的道德前，你必須先將自己的思想清理乾淨。精神上的清潔衛生是一劑良方，它可以治癒一切道德方面的創傷。如果思想上清理乾淨了，身體狀況自然也就好轉了。純潔的思想，會帶來純潔的意念，純潔的意念能確保純潔的身體。

為了引起年輕人的重視，抵禦盤旋在大腦裡那些腐化思想的、不健康的想像，亨利·沃德·比徹[27]說，「我鄭重警告你們，不要整天沒完沒了沉迷於病態的想像中，它是一切邪惡之根

---

27 亨利·沃德·比徹（Henry Ward Beecher，西元 1813 ～ 1887 年），美國公理會牧師、社會改革家、演說家、政治家，廢奴運動支持者。

源。」

　　如果一個人整天被某些思想、念頭、情緒所包圍，那麼，這些東西必然會催促他付諸於行動。教養所裡有成千上萬的囚犯都是從想像犯罪過程開始走上犯罪道路的。或許在一開始想像在半夜時分入室行盜的場面並無大礙，但是，重複這種想像，大腦裡不斷出現這種畫面就會導致一個人付諸行動。

　　萬惡之首的性墮落，其源頭也是不良的思想和不道德的想像，當這種思想逐漸形成習慣時，行為就會緊隨其後。要想恢復自己真正的男子氣概，所需要的正是同一種載體 —— 思想。

　　正如以成功拯救性墮落而著名的一位催眠療法醫生所言，只有讓這些健康的、催人向上的理念持續不斷的由內向外散發，思想中不停的保持這種意念，永遠遠離那些低等的想法，只有這些才能有助於一個人思想發生轉變的最有效的東西。

　　精神衛生必須高於生理衛生。將自己神聖的承諾不斷延續，是讓日後的自己保持純潔的支持和力量泉源。你可以使用不同的表達方式，但內容不可以改變，要始終和一開始所確立的目標相同。你可以想一下你認識的那位純潔的女性，然後對自己說：

　　「在這裡我向上帝保證，我絕不會做任何讓自己看不起自己的事、褻瀆自己理想中女性的事、我所厭惡的，阻礙我發展的事、讓我失敗的事、讓我感覺自己不是個男子漢的事。我也絕不會冒風險放縱自己一段時間，然後幻想事後再去想辦法擺脫這種習慣，因為我知道，罪惡的不斷加深會令我的理性不斷喪失，最終克服困難找回自己的機會也就越來越小。」

第十一章　重振雄風

　　治療不良習慣的最大的問題在於，有許多人只打算在特定時間內戒除它。這是最要命的。擺脫惡習唯一方法便是切斷它的供應來源，從而將它徹底扼殺。

　　為了幫助我們從長期的惡性習慣中解脫出來，形成一個全新的習慣，一位教授說過：「我們要盡可能的下意識矯正自己，盡可能的創造一個嶄新的自己。我們要盡量與周圍能夠加強正確動機的人接觸，我們必須要刻意的讓自己處於一種全新的狀態下，我們必須要與自己約定，過去的一切已經不再適合自己，我們一定要盡一切努力痛下決心。這將令我們的新開端有一個好的勢頭，讓慾望來得晚一些，讓慾望推後一天，痊癒的機率就會增加一分，直到最後慾望永不再來。然而，在新的習慣牢牢扎根於生活中之前，我們絕不能姑息自己，讓偶爾的破例將一切努力前功盡棄。每一次失誤就像是將一個毛線團滾落，一旦掉下去你就得重新再繞一次，恐怕還得繞得更多。」

　　根本就沒有漸漸脫離邪惡、墮落或其他罪惡行為這一說。吊兒郎當對待這件事只能讓它控制得你更緊。

　　約翰‧巴塞洛繆‧高福是一個優秀的年輕人。他明白要充分利用自己的大腦而不是用酒精去破壞它，他認為自己能夠在任何時候掌握自己，並感到驕傲。他用年輕人的自信和高傲對自己說：「約翰，你很厲害。任何時候只要你想，就能戒除飲酒。」但是沒過多久他就發現，剛開始還很微弱的習慣的苗頭已經變成了一根根有力的繩索，將他緊緊捆綁。他原本認為自己是主人，結果卻成了奴隸。他知道，如果不竭盡全力掙斷束縛他的鐵鍊，他將永遠也無法恢復自己的失去的東西。所以，

在一天深夜酒癮發作時，他用顫抖的、就連自己的名字都無法書寫的手寫下了自己的誓言。

然後，他開始了極為困難的爭鬥。連續幾天幾夜，他都沒吃一口食物，沒睡一次覺，他在與企圖壓制他的惡魔做爭鬥。他與這種酗酒的習慣整整做了一個星期的爭鬥，最後，他勝利了。整個過程中，他無力、眩暈、幾乎死掉、向著曙光爬去，直到勝利。這個年輕人戰勝了幾乎毀掉他的惡魔。

在經歷了這次勝利之後，高福先生在年輕時期便再沒有受到過任何類似邪惡力量的困擾。從此，他逐漸獲得了人生中最寶貴的一筆財產，而一個被酒精麻醉的大腦，是斷然不會抓住這一切的。他的男子漢氣概又一點點重新回到了自己的身體裡，他不僅在認識他的人當中重新建立了聲望，而且還成為了宣揚高尚思想的極有影響力的人物。

一旦著手一件事，就再不要回頭看。最重要的，不論過程多麼艱苦，都不能因失去勇氣而屈服。戰勝一個壞習慣的確不是件容易事，但是，你身體裡神聖的力量要大於任何邪惡的欲望或活動，不論它有多麼強烈。

當官方宣布華盛頓被提名為總統時，他著實嚇了一跳，他幾乎沒想到自己這麼了不起，竟然有能力勝任如此高的職位。他感覺在座的隨便誰都比他更適合這個位置，都比他更值得接受這一榮譽。此時的他，對接下來兩年中從自己天性中所激發出來的潛在力量，和過人品格一無所知。

大部分人並不知道自己具有什麼何種潛質，因為我們從未曾使用過它。我們的呼喚還不夠大聲，並不能喚醒自己所擁有

第十一章　重振雄風

的強大的力量和更高、更具潛力的自我。

「認定自己的希望，它將成為你生命的宣言。」一定要對自己的希望堅定不移，用最大的信心，不要有絲毫的懷疑。讓你的思想朝著目標前進，穩定、不屈不撓的到達目標，你只有在這種精神狀態下才能夠獲得成就，才能夠跨越一切障礙，戰勝一切誘惑。

人的主觀能動性有一種神奇的力量，它能激勵人克服自身的客觀弱點，能夠從潛意識裡喚起一個人潛在的力量和可能性。每個人的心靈深處都有一種沉睡的力量，這種力量一旦被喚醒並投入實踐，那麼這個人的一生必將發生改變。

將我們渴望的東西說出來，想像自己的願望得以實現的情景，這種習慣有強大的魔力，能夠將你潛意識中的力量激發出來，從而對你有所幫助。堅定就是創造力。不停的宣布：「我是純潔的，我是健康的，我是有活力的，我是有力量的，我是重要的，我是誠實的，我是公正的，我是美麗的，因為在我的形象中，早已經鑄就了完美、和諧、誠實、公正和永恆的美麗。」以上這些宣言將成為我們在生活中所呈現的姿態。

很少有人意識到堅定的自我宣言所具有的創造性力量。在自我的神聖力量發出的強有力的信念中，現在的我，就是理想中的我。我們一旦用適當的方式將它付諸實踐，便再不會對它的作用產生質疑。

高福在戰勝了酗酒的習慣，成為美國最具鼓動力的演說家之後，曾經描述過他的一位朋友戒菸的過程，過度的吸菸已經影響到了他的健康。這個人扔掉了所有的菸斗、菸草以及所有

和吸菸有關的東西，並且聲稱吸菸到此為止。但是，剛開始時的痛苦已經遠遠超過了他能忍受的範圍，他渴望「再吸一口」，這種渴望如此強烈，他甚至去咀嚼春黃菊、龍膽、甚至牙籤來撲滅這種折磨人的劇烈欲望。在他感到最困難的時刻，他買了一根菸，將它放在口袋裡，不是去吸它，而是讓它和自己做個伴。誘惑是如此強烈，他忍不住將菸捲從口袋裡掏出來，吸上一口。但是，在他將菸捲放入嘴裡之前，他心裡產生了一種神聖的衝動，他盯著這根菸看了一會，這時候，他的男子漢氣概幫助了他，於是他將菸捲扔掉，大聲呼喊，「你只不過是一根菸，而我是一個男人！如果我下了決心，我就能掌握你。」透過不斷大聲宣布自己的男人氣概，這種超越一切有害事物的力量，他最終戰勝自己，成功戒菸。「我是一個男人，如果我下了決心，我就能掌握你。」

　　大聲對自己提出建議，這只不過是信念基本原則的一種延伸或擴展形式，是幫助人們自我控制的最佳方法之一。我們都知道，人所做出的決定能夠透過口頭宣布得以加強，更好的發揮作用。

　　同樣一句話，大聲說出來所產生的影響力要比在腦子裡想一想大得多，這就好比是書中的一頁文字放在眼前讀一遍，要比我們在腦子裡想一遍印象更深刻；親眼看到某個東西要比想像中的某個東西印象更為深刻持久。如果你能夠大聲的、用力的、甚至是激烈的重複自己的決定，往往要比默默的下決心更容易實現它。

　　對於那些令人憎惡的壞習慣而言，在痛下決心，或者是確

第十一章　重振雄風

立堅定的信念擺脫它時，你都不要拖拖拉拉。你必須要積極主動的運用信念的力量，克服那些置你於危險之地的習慣。如果你僅僅告訴自己，「我知道這對我不好，我知道如果我繼續這樣，就會影響到我的成功，毀掉我的健康和幸福。但是我害怕自己永遠也無法戰勝它，我知道與它對抗會很辛苦，因為它已經將我徹底控制了。」那麼，你永遠也不會獲得進展。

你要不停的宣告自己的征服能力。要用最大的信心對自己說，「我活在這個世上並不是要被這種惡習來控制的。上帝將自己的形象給了我，並不是要我來吞噬骯髒與汙穢的，如果我繼續下去，我將永遠無法發揮自己最大的力量。如果我繼續留著這個令我力量流失、精力衰退、減少成功機會的祕密敵人，我將永遠無法實現上帝賦予我的使命，成為一個有能力的人。它將令我的身體結構發生改變，破壞我的思考能力，鈍化我的道德感。我一旦陷入，一輩子就完了，為了它，我的品味將遭到破壞。我身體裡還有神聖的一部分，那是上帝留在我身上的烙印，他令我完美，令我能夠克服這些事情，我要戰勝的是魔鬼，而不是上帝。」

對於大多數想要戰勝不良習慣，重塑良好習慣的人而言，存在的問題是，他們甚至連一半的意志力或者比意志力更有效的自信心都沒有用上，而不斷的進行肯定則能夠在很大程度上增加和強化信心的力量。我們的決定有時候是無力的，糊塗的，我們並沒有投入太多的精力和勇氣毅力，最終能夠獲勝的便只有果斷的決定。

如果一個將軍破釜沉舟，切斷所有的退路，他就會明白，

自己的將士必將背水一戰。只要你下定決心，不給自己留下後路，這個特別的行為將會喚起你潛藏起來的資源，這些資源對你非常有幫助，而你之前卻從來不知道它的存在。但是，只要你還為不良習慣留有一扇門，認為如果實在受不了痛苦的折磨，就稍微縱容一點，那麼，你將永遠也無法發揮自己最大的潛力。這些就好比是精神上的「S.O.S.」呼救訊號。

這一切與你周圍那些拖著你向下走的同伴們扯不上什麼關係，你應該不受那些引誘你放縱墮落的建議、暗示的影響。如果能的話，去鄉下走走，去樹林裡看看，遠離那些燈紅酒綠的誘惑。當你獨自一人時，要不斷的、堅定的對自己說，「我從此立下誓言，再不去做這種該死的事情。這是對我理想中的女孩的侮辱，對我未來妻子的侮辱，是對我未出世的孩子犯下的罪。你只不過是一個催人死亡的、豬狗不如的、讓人退化的、扼殺靈魂的降低效率的習慣，而我是個堂堂正正的男人。現在，我們來一決雌雄，我要將你一舉消滅。現在，我倒要看看到底是誰能掌控得了這神聖的人類機器——我的身體。這件事情上我們不共戴天，要麼我把你徹底打敗，自己統治自己；要麼，我退出，將一切全部交給你，但這種事情絕不可能發生。

「現在，你這個邪惡的東西，你讓我感到不光彩、讓我蒙羞、讓我厭惡自己的日子已經一去不復返了，你再也休想將我拖到低等放縱的泥沼中，也休想再讓我成為慾望或情慾的奴隸。我已經與你徹底決裂，你對我已經沒有影響力了。

「這裡只能有一個統治者，這個統治者只能是我自己。我

第十一章　重振雄風

絕不允許你毀掉我的生活，讓我不得不以虛弱、退化的面目出現在人們面前，讓邪惡占了上風。夠了，這麼長時間以來你控制著我，讓我感到恥辱，讓我丟臉，侮辱我，讓我不得不承認，我什麼都不是，我在成功和幸福的競爭中已經輸了一次；讓我不得不承認自己的軟弱，無法挺起腰桿與你這個邪惡的、墮落的習慣作爭鬥。

「現在，我藐視你，我將拒絕你在我身上所施加的力量。從今往後，我要成為一個強者，不再是弱者；要成為勝利者，不再是受害者。從今往後，我將不再是被你呼來喝去的狗，我要挺胸抬頭面對這個世界。從今往後，我才是這裡的主人，如果你認為還能繼續讓我墮落，那你可就找錯人了。

「你過去能夠控制我，是重複規律在起作用。我每屈服一次，就會讓下一次屈服來得更容易。但這次我要利用重複規律，下定決心，永遠擺脫你的控制。」

你會為自己這種向上的感覺而感到驚訝，這種第一次戰勝敵人的勝利感會帶給你前所未有的興奮和激動。剛開始的時候，你可能會覺得萎靡不振、身體衰弱，但是，從此之後你會變得日漸強盛。這種出自肺腑的，大聲的自我交談會帶給你新的勇氣，新的戰勝困難的力量，它將是你生活中新希望的開端，透過一次又一次的成功戰勝自己的低等本能支持你每一天的戰鬥，用不了多久，你就能夠徹底掌握自己。

另外一件極為重要的事情是，當你休息下來的時候，要讓自己的思想保持良好狀態。睡前要準備做一次精神洗浴，將一切邪念和雜念排除出去。要注意睡前的讀物，更不要去參

加一切刺激和問題娛樂，這些都將引起你的失眠，讓你的痛苦加劇。讓自己保持虔誠的態度，思想會自動隨著身體狀況的改變而改變。要抱有一種敬畏上帝的態度，睡前腦子裡想一些單純、潔淨的事情將會提升你的思想境界，所有這一切都會對你恢復健康、純潔大有幫助。

臣服於人性中的任何一種弱點都是一件可怕的事情，它將令你的精力逐漸喪失、削弱我們的努力、減少或毀掉生活中的機會。但是，這些事情能夠肆虐到何種程度，取決於我們自己。最喪失人性的惡習，當初它是怎樣一點一點形成的，現在就怎樣將它一點一點擊破。

正是你這種無法徹底擺脫的念頭助長了惡習的力量，讓你始終受制於它。如果你相信靠自己的力量能夠與它決裂，並對此深信不移，那麼，邪惡的力量將會在頃刻間分崩瓦解。但是，如果你覺得自己是個毫無希望的受害者，那麼，你必定是毫無希望的。當你開始確信，你是自由的，你不再是某種惡習的奴隸之時，你就已經寫下了自己的《解放奴隸宣言》。

邪惡如同陣陣狂風　漫無目的的刮來
它將灰沙吹入人們的眼中　然後繼續前進

—— 莎士比亞

美德之豐碑固於金字塔
金字塔終將倒塌　然美德之豐碑長存

第十一章　重振雄風

神聖的貞潔對於天堂　是如此珍貴
若有誰　真正擁有這樣一個靈魂
定有千名天使　護其左右
令一切罪惡與汙穢　不得靠近

—— 約翰‧米爾頓

注釋：一般性的健康問題，其中包括如何採取適當的方法恢復男性旺盛的精力，本身就是一個範圍寬廣的話題。鑒於本書容量有限，在此便不多做討論了。

如果這種常見於年輕人中的錯誤已經影響到了一個人的體力，那麼，他就需要面對這個嚴肅的問題了。但可以肯定的是，在性衛生這個領域中，我們有許多專家，因此，一旦某個有害習慣被完全戒除後，由它所產生的後果也會隨之被適當的健身鍛鍊、確立合理、道德的思想情操所彌補。

那些想要獲得完整、全面的人體解剖學資料，以及有關飲食、鍛鍊、洗浴等保健方法的資訊，以此來對應各種身體上的欠缺的人，最好是去參考一下當前發行的《麥克法登人體結構百科全書》五冊的全部內容。這五冊書中詳實講述了塑身健體的各方面資訊供你參考。

---

28 愛德華‧楊（Edward Young，西元 1683 ～ 1765 年），英國著名詩人，因長詩《夜思》而聞名。

第十二章
女性因何而不幸

第十二章　女性因何而不幸

真不愧是男人的「豐功偉績」　只需一句話
便可傷害信任你的人　馴服高傲的心
就算是一片樹葉　也會因你的氣息而舞動翻飛
女人　一顆露珠便可壓彎的嫩枝條
於是　戰爭還在繼續
心在嘶聲吶喊中　變得堅硬
你立下誓言，「要想不讓你來征服我
我便要先將你　征服」
倘若你心中的那朵玫瑰
正在緩緩綻放
你一定要看到　它神奇的花蕊
你會為自己看到的一切而驚詫：
它呈現給你的　它要告訴你的
是它並非故意要拒絕你
啊，帶刺的玫瑰！花蕊間
竟藏著一顆跳動的心。

—— 珍・英格洛

　　大約五十年前，有一個家境平平的男孩去了遠方的一個大城市，想要學習一些先進的課程。為了竭力維持父親勉強負擔得起的學費，他做服務生，大量的替木板條刷白灰，零零碎碎替金屬鑄件刷油漆，最後無意中進入了售書行業。在一位慷慨的代理商的培訓和輔導之下，他很快就獲得了一定的成功，在他的銷售區域裡，只要是他推銷的新書，很快就能達到幾乎人手一本。最後，他接手了一套兩冊書，這兩冊書的作者是喬

治‧納菲斯[29]醫生，其中一本叫作《生命的傳遞》是供男性閱讀的，另一本叫作《女性生活的自然法則》，是供女性閱讀的。這是兩冊十分優秀的書籍，書中提供了每個人都應該知道的關於「性」和「性衛生」的知識。因為這本書理應是每個人都感興趣的，所以代理商特別關照，一定要他挨家挨戶推銷，一家都不能遺漏，因為其他一些書只會讓特定階層的人感興趣，而這套書則不同。

在一戶人家裡，這位推銷員將其中一本女性讀物推銷給了一位年輕女孩。她對這本書似乎非常感興趣，在購買之前還十分誠心的請教了幾個問題，然後讓他稍等片刻，她要去找幾個朋友來，讓她們也來看看。這一次，這個年輕人一下子就賣掉了好幾本書，這是以往從未碰到的情況。這個年輕女孩很快就帶著六個年輕女孩來了，在她的建議之下，每個女孩都買了一本。她們看起來對這本書都差不多感興趣，也都紛紛將自己朋友的地址和電話留給他，希望他能將這本有價值的書也呈現在她們面前。還沒等他向其中的一、兩個人打電話，他就突然感覺到整件事情有些古怪。在詢問之下，他發現自己先前的懷疑是對的 —— 他第一次去的地方其實是個賣淫場所，她們推薦給他的是另外幾家同樣性質的場所。但是，最令他感到吃驚的是，幾乎每一個妓女都買了他一本書，書中直接而富有道德感的解釋是以往任何一本書中所找不到的。

---

29 喬治‧納菲斯（George H. Napheys，西元 1842 ～ 1876 年），美國作家、醫生。代表作：《女性生活的自然法則》、《生命的傳遞》、《個體之美》、《新家庭醫生》等。

第十二章　女性因何而不幸

　　因為他將大部分書賣給了城市中底層的妓院，所以銷售額很高，自然，他賺到的錢也就很多。但最令他感到震驚的，同時也最讓他難忘的是，他本人在整個推銷過程中的動機卻並非出於道德。實際上，雖然他遇到的大多數女性都是無知的，有的甚至語言能力還很落後，但是卻沒有一個人表示過看法或想法，認為自己是在做不應該的事情。當然，這與這位推銷員的熱情以及他的舉止有一定的關係，但是，令人感到痛心的事實是這些女性對這本書中所說的內容極為感興趣，而且被灌輸了許多傳教士思想，因此，她們希望將這本書廣泛傳播，以此來盡可能的幫助妓女階層這個最不幸的階層。

　　當這個男推銷員長大成人之後，在大都市裡也曾多次受到過妓女的勾引，但是他卻從未做出過任何放蕩淫亂之事。實際上，在這種情況下，更多時候他是為這些可憐的生命而感到悲哀，他從來都沒有忘記過自己曾推銷過的那本書，以及他在推銷過程中隨便翻看時所看到的內容，這些東西能夠喚醒人性中更高尚的一面，讓一個人就算置身於妓院這種全世界都在詛咒的，最底層的場所，也不至於淪陷。

　　婚後，他養了一大家子孩子。由於受到了推銷期間所讀到的這本書的影響，所以，從兒子 6 歲開始，他就反覆、認真的與他們進行這方面的談話，同時還勸說自己的妻子與女兒們也做類似的談話。正因為如此，他所有的孩子們一生都過著道德、清白的生活，從來沒有做過任何讓人背後戳脊梁骨的事情。

　　在回答「娼妓這個邪惡的行業中，女性到底是受害者還是

促進者」這個問題時，紐約市社會衛生局的創始人小約翰·戴維森·洛克斐勒[30]回答道：「我可以毫不猶豫的說，她們之中的大部分人都是犧牲品。現在，在美國和歐洲十分猖獗的賣淫現象其實是由男人背後操控的，女人只不過是被他們利用的工具而已。這是個有利可圖的行業，而且利潤很高。

我個人相信，如果她們有平等的權利，能夠過上潔淨的生活，那麼，這個城市所有的妓女中，只有不到 25% 的屬於自甘墮落。由於受到環境的影響，有相當一部分女性被拽入泥沼，其中包括貧窮、低薪、家庭環境差、缺乏技能、喜愛娛樂和漂亮東西的天性渴望得到滿足等等。然而，雖然以上這一切以及其他一些因素是主導原因，但男人應該為她們的墮落負起主要責任。」

洛克斐勒先生的這番陳述得到了紐約州時事調查委員會主席、紐約州副州長的支持，他在委員會近期的一次報告當中說：

「女性之所以會失去她們最寶貴的操守，是因為在紐約的一些大工業區中，她們的勞動所得難以讓她們填飽肚子。一些初步的調查結果已經被公布，從中我們發現，幾萬名女工每週的薪資少於六美元，許多情況下，她們每週的收入僅為四點五到五美元。」

這些婦女該怎樣生存呢？我們都知道，她們根本無法靠這

---

30 小約翰·戴維森·洛克斐勒（John Davison Rockefeller, Jr.，西元 1874 ～ 1960 年），美國著名慈善家、洛克斐勒家族重要人物。美國標準石油公司的創辦人，億萬富翁約翰·洛克斐勒唯一的兒子和繼承人。

第十二章　女性因何而不幸

麼低的薪水生活，她們甚至無法購買最基本的生活必需品，要想養家就差得更多了，而她們中有許多人卻不得不養活家庭。

誰來補償這種差異呢？

這是我們所面臨的一個嚴肅的問題。許多婦女根本上就處於飢餓狀態，通常包括這樣一些情形，比如說失去健康、身體或精神垮掉、靠別人供養、成為別人負擔的工人。還有另外一種情況，一些不幸的婦女輕而易舉就成為了男人獵物，大城市裡尤為如此。

芝加哥青少年保護協會的探案人員最近逮捕了 17 名男子和 3 名婦女，他們在一家大商店的休息室裡做交易時，當場被抓獲，並被判定有罪。他們利用女孩們等著要看廣告傳單上所宣傳的所謂的「扶困」商品的機會，誘使她們墮落。這些商品都是她們買不起的。

這個百貨商店為男女皮條客們提供了一應俱全的場地設施，雖然工廠的大門對外人關閉，而商店的大門卻對每個人都開放。

那些衣冠楚楚的年輕的「白奴」販子們會進入商店，他們通常不買東西，只是和這些漂亮女孩們調情，送她們一點小禮物，邀請她們晚上出去玩，等這些女孩們明白過來時，她們已經落入他的圈套了。經營著地下賣淫場所的婦女們通常會打扮得很入時，邀請做售貨員的女孩們去她家，並常常告訴櫃檯後面的女孩，尤其是漂亮小女生們，她們用不著在商店裡這麼辛苦的工作，也能賺到比這多得多的錢。

許多為有錢的顧客服務的售貨員女孩，還有那些整天看著各種漂亮東西、漂亮的衣服和內衣堆放在自己面前的女孩們，無疑是不停的處在極大的誘惑當中，這些東西都是她們渴望擁有的。當然，一個受過良好訓練、堅定、有主見的女孩是不會面臨這種被慾望征服的危險的。但是，如果我們沒有忘記的話，這個世上還有無數天性軟弱、無知、完全沒有受過教育的女孩。她們當中有許多生活在缺乏愛的家庭裡，或與放蕩的父母生活在一起，我們完全可以理解，她們多麼渴望愛和保護，這也就是為什麼她們很容易受到對她們示愛的男人的誘惑。這些男人無時不刻想著出賣她們、毀掉她們，而這些女孩卻從未懷疑過他們。

　　軍隊的音樂、色彩、勛章閃耀的制服有種特殊的吸引力，這些東西即使是對懶散的人，也能產生強烈的心理影響，它們會讓年輕人感到熱血沸騰，異常興奮。大多數年輕女孩特別容易受到這種軍隊力量的感染，軍隊的制服和軍人的生活吸引著她們。

　　珍‧亞當斯（Laura Jane Addams）說過，在芝加哥附近有軍隊駐守的那段時期內，許多女孩看到有這麼多軍人出現，感到興奮不已，她們徹底昏了頭。一項調查顯示，一些女孩甚至在父母睡著後，從窗戶裡爬出去和這些男人散步。一天深夜，保護機構發現一個女孩正匆匆忙忙從營地裡走出來，她淚流滿面，不住的抽泣，傷心欲絕。她深深的沉浸在悔恨中難以自拔，完全沒有注意到社會機構人員的出現。只聽她一遍一遍的對自己說：「哦，聖母啊，我都做了些什麼，我都做了些什麼

第十二章　女性因何而不幸

啊！」

　　她們天性中對浪漫的熱愛，她們追求不平凡的精神，她們單純對遊樂的熱情，都是被人利用的弱點，都是導致她們當中許多人走向毀滅的原因。如果在她們還很小的時候，這種特性就得到了正確的利用，那麼，所有這些為整個世界所不齒、被整個社會所拋棄的不幸的女孩子中，絕大部分都能夠避免厄運，成為生活幸福的人。

　　有誰能想像得到，年輕人經常性的去廉價戲劇院、去看低俗照片展、去一些低級娛樂場所會導致什麼樣的毀滅人性的、悲劇的後果呢？這一切都具有讓人敗壞道德的影響。這些場所中最危險的一點就在於它們極力迎合人性中獸性的本能。在他們的宣傳中，總有一些東西能挑起人們的性本能。在大多數舞廳裡，跳舞是鼓勵和醞釀不正當行為和性關係的過程，在這個過程中酒精發揮了刺激、煽動這種慾望的作用，有的舞廳甚至為人們提供滿足慾望的設備。

　　一些父母既貧窮又苛刻，他們不停的催促自己的女兒多賺些錢增加家庭收入，這種父母應該對女兒的墮落負責。許多女孩子從小受到了對家庭盡忠的思想教育，這導致了她們甘願供著自己的父親酗酒甚至賭博，就算是常常因為交給家裡的錢不夠多而受虐待也毫無怨言。

　　一位著名的社會學家列舉了一個典型的這類型案例。有一個女孩長得纖弱而小巧，她發現自己在餐廳洗碗所賺到的錢根本達不到父母所期望的那麼多。她瘦小的身軀根本無法承受長時間單一、繁重的體力勞動。本來就不多的薪資減去病假扣掉

的部分，一個月下來幾乎所剩無幾。為此，她那視錢如命的父母不僅常常訓斥她，而且還動手打她，扇她耳光。他的哥哥姐姐們都比她身體強壯，賺的錢也多多少少強於她，他們都責罵她，說她懶惰，沒有盡到自己的那份家庭責任。

這個女孩也因此十分消沉，所以，當餐館的一位女服務生告訴她可以利用晚上的時間去附近的幾家小旅館接客，將收入翻倍時，她決定要去嘗試一下這種「更容易的賺錢方式」。幾個月之後，隨著她每週按時將錢交到家裡，父母終於發現了她的變化。

在這位無知的、總是責備女兒賺錢不多的母親去世的幾年後，這位不幸的女孩在提到自己的母親時，竟然希望「這個把自己害成這副樣子的老太婆現在正在地獄裡受懲罰」！

當然，這個階層的女孩並沒有受過多少教育，她們也沒能完全意識到自己的行為很不道德，以及由此產生的可怕後果。她們只看到了擺在自己面前的極大誘惑 —— 高額的收入、漂亮的衣服、墮落生活的刺激體驗，這一切與自己可憐微薄的收入、寒酸的衣服、和枯燥無聊的生活形成強烈的反差。對於那些無法靠自己的勞動活得自在、穿得體面，或者賺很多錢養活家庭的，且意志薄弱的女孩子來說，其他人透過這種不正當方式所獲得高收入無疑是一個難以抗拒的誘惑。

誠然，女孩的貞潔要比她的生命更為貴重，不論出於什麼原因，拿它來換取物質享受是一個十分可怕的念頭。但是，在考慮到具體情況時，我們絕不能忘記那些類似於洗碗女孩的情況：無知、沒有技能、糟糕的家庭環境和社會環境，我們也不

第十二章　女性因何而不幸

能忽視那些誤入歧途的女孩周圍存在的極大的誘使她們墮落的因素。

商業化了的邪惡如此猖獗，這在很大程度上是貧窮、低落、絕望的必然產物。在這個國家裡有成千上萬的商界人士，就算他們眼下的條件十分優越，可心頭也總是縈繞著一種恐懼感，他們擔心自己有一天會身敗名裂，會失去養家的能力。有多少人在暫時失業期間喪失了所有的信心，只好用自殺來一了百了！

那麼，還有那麼多在自己最健康、最青春的時候，都幾乎養不活自己的女孩子們，他們又該如何呢？她們又該如何面對包圍在自己周圍的各種誘惑呢？那麼，對貧窮的恐懼促使她們當中的一些人道德意識薄弱，輕易就成為了誘惑的受害者，這又有什麼稀奇的呢？

有些人專門奪取女孩貞操，專門耍一些陰險手段，提出一些邪惡建議，催眠她們的思想，專門利用女孩渴望有一個自己的家、渴望有溫飽的生活、渴望有人愛自己的心理為她們設下圈套，他們是這方面的專家。那麼，對於一個毫無社會經驗的，或許連下一餐都不知道在哪裡的女孩，輕易落入這些人的圈套又有什麼稀奇的呢？

你不妨想像一下一個正在努力戒酒的人，當他身體裡對酒精的渴望蠢蠢欲動，難以遏制之際，他需要怎樣的克制力！你也可以想像一下一個被同伴拉到酒吧裡的男人，周圍的人都在飲酒作樂、盡情狂歡、情緒高漲，而且人們不停的勸他也喝一杯，在這種情況下，他還能堅持多久呢？

那些可憐的，不斷被「白奴販子」和皮條客慫恿的女孩們面臨著同等的誘惑。他只是利用了她們渴望有一個家、渴望愛的弱點。或許在她的生活中沒有任何社交機會，沒有友誼，沒有愛，這種情形導致了她難以抵擋各種誘惑。他假裝愛她，告訴她會娶她，她是他認識的所有女孩中最理解他的一個，各種暗示和誘惑連續不斷向她襲來。那麼，當她感到軟弱或疲憊的時候，很可能會喝一杯酒，消消愁，但她全然沒有意識到，這樣做會放鬆自己的道德警惕性，或許就在此時，她的防備之鎖已被悄然打開，而這道門一旦被推開，就再也難以關閉。

　　貧窮、無望的生活以及被人出賣這三個原因在很大程度上解釋了為什麼會有這麼多過失女孩和被拋棄的婦女進入了地下生活的世界。許多女孩在解釋自己為什麼會屈服於誘惑，走向罪惡時，都說自己在感到極度疲憊和沮喪時，就「隨便跟了一個男人」。

　　誠然，她們並不是最堅強的人，但是，我們也都知道，這個世界笑貧不笑娼。當人們的日子不太好過時，比如說生意不好、淡季、尤其是當金融危機來臨之時，各種邪惡場所便如雨後春筍般紛紛湧現。

　　在各種女性保護協會舉行的各項調查活動中常常會發現這樣的案例，許多女孩子已經連續好幾個月處在經濟困難中了，她們賺不到足夠的錢支付房租、洗衣費、餐費，在萬般無奈之下只好屈服於誘惑。在經歷了連續幾個月來的經濟困難後，她們飽嘗了對飢餓的恐懼那種難言的痛苦，礙於顏面又不肯求助於慈善機構，最後只好屈服。

第十二章　女性因何而不幸

　　許多女孩是因為自己的驕傲才會用這種問題方式去賺錢，這可真是一種可悲可嘆的驕傲。她們無力再保持自己漂亮的外表、無力支付食宿費用、房東太太在催促、接著家裡來信要求她寄錢回去。所有這些事情，這些只有她們自己才知道的事情促使她們的自控能力減弱，令她們喪失了生活的勇氣。

　　一個女孩在談到這一點時，對竭力要挽救她的工作人員說道，她早已「以一雙鞋的價格」將自己出賣！她努力存錢，但幾個月下來仍然買不起一雙自己心愛的鞋子，最後，這個悲哀的女孩終於開始了用非法手段賺錢的生活。在此之前，她每週的收入為四美元，但她要支付三美元的食宿費，六十美分的交通費，最後只剩下了四十美分的零用錢。所以，要買一雙鞋子根本是不可能的事情。

　　在這個國家裡，有多少人為了維持生計，維持這種荒誕的生活水準，為了保持表面上還不錯的狀態而苦苦掙扎，這一切都是造成數以萬計的女孩不幸走上墮落之路的原因，就在她們為自己拮据的生活而感到壓抑之時，眼前卻到處充斥著各種奢侈品和高級的生活。如果我再補充一些皮條客們慣用的花招和詭計，我們就更不難理解，為什麼會有那麼多的女孩被拖到了地下世界，他們躲在暗處，時刻留意著年輕女孩們的頹廢和壓抑。

　　過度的緊張、疲憊和營養不良都會降低一個人的道德感。想像一下一個靠打鞋帶孔為生的女工的生活吧，她們的計件薪資是每二十四雙鞋兩美分！難怪身體和道德的力量在各行各業普遍存在的、長期的過度緊張和過快發展所帶來的壓力面前竟

會如此不堪一擊。

　　我們也就不難明白，為什麼那些初來乍到的移民女孩會輕而易舉的成為邪惡男人犧牲品。她們不懂我們的語言，不懂我們的習慣，不認識我們的道路，不懂我們的社會風俗，這些都是她們在已經處於過剩狀態的工業中心找工作時必然要遇到的困難，同時也是被邪惡之人利用的弱點，這些單純又老實的女孩們又如何招架得住各種故事的欺騙？

　　我們可以做許多事情來幫助「白奴」擺脫這種不道德生活。在一切因素中，思想上的困擾和不愉快、精神上的矛盾紛爭會削弱一個人的自控能力，導致一些意志薄弱、沒受過教育的人走上錯誤的道路。母親的去世、家庭紐帶的斷裂、嚴厲繼母的到來、家庭內部矛盾和家庭的四分五裂 —— 所有這一切都豐富了妓院的資源。

　　一個知名的社會工作者講述了這樣一個令人同情的案例。一個小女孩的母親去世了，繼母不讓她進門，所以，雖然她還是個孩子，照樣也成為了「白奴交易」的犧牲品。由於她無法忍受這種極大的折磨，最後，她用一瓶石碳酸結束了自己的生命，也結束了自己腹中不明來由的生命。

　　那些衣食無憂，家境優越的人總是想不明白，為什麼現在的女孩子道德觀念如此之差，如此沒有品味，如此輕易就屈服於罪惡。但是，如果一個女孩已經身無分文，找工作已經令她疲憊不堪，臉上很明顯的寫著「飢餓」二字，或者當她被房東告知，不能再住下去了，當她的東西被房東扔到大街上，卻沒有人對她表示過絲毫關心，為她著想，她在苦苦掙扎了這麼

第十二章　女性因何而不幸

久，堅持了這麼長時間後，最終還是走上了這條不歸路。面對這一切，像你這種從來不知渴望為何物的人，難道就不能對她有點惻隱之心嗎？她也只不過是進入了一扇唯一向她敞開的門而已。這世上沒有其他地方肯收留她，除了這個地方，再沒有其他地方肯給她吃的、住的。如果我們還曾記得，即使是最強壯的人，有時也不得不屈服於環境，那麼，一直處在壓抑的精神狀態下的女孩，又有什麼能力來堅持自己的初衷呢？其實，當一個女孩被逼到這個境地的時候，她也不過是把它看作權宜之計而已，她希望這件事情被人們知道之前，她能做些什麼挽回或彌補自己的錯誤，但是，結果仍舊是那麼回事。就好像是一個一面想戒酒，一面卻常常喝醉的人，每一次喝醉，總想著這是最後一次了，但是他卻不知道這種習慣像鐵鉗一般，將他抓得越來越緊，每縱容自己一次，必然會有下一次，結果就這樣過了一輩子。

如果我們的卡內基和洛克斐勒先生並沒有建起那麼多座圖書館，捐贈那麼多的錢給大學，而是用這些錢蓋起了類似於專供年輕男性居住的「米爾斯旅館」的女性青年旅館，那麼，對於成千上萬貧窮的、來到大城市找工作的年輕女性來說，它將是多麼大的一項福利啊！

我們可以做一下比較，比如說在紐約這樣的大城市中，像「男青年基督會所」這樣專為男性提供服務的青年旅館以及「米爾斯旅館」比比皆是，相形之下，能為那些窮苦的、無家可歸的、毫無自我保護能力的年輕女性提供服務的機構卻少得可憐，這些女孩比男人可憐 1,000 倍，而自我保護的能力卻不及

男人的一半。

40 或 50 年前，這個國家還沒有聽說過「白奴交易」這個行當，而近期以來女孩和婦女大量湧入工業區則為這一現象的產生做出了解釋。今天，美國的年輕女性中大約 60% 的人從事著各種工作，而我們現有的經濟結構在很大程度上應該為這種邪惡氾濫的現象負責。商人貪婪的本性將無數女性毫無抵禦能力的靈魂攪得粉碎，迫使她們在無法填飽肚子的情況下生存，將她們丟給了各種危險與誘惑。

另外一個助長了「白奴」現象的、幾乎可以稱得上是犯罪的主要習俗是人們忽視對女孩進行培養和教育，沒能夠讓她們獲得賴以謀生的、能夠確保未來的一技之長。

父母幾乎沒有意識到，讓從小沒有受過具體行業的專門教育，並不具有獨立生存能力，無法保護好自己的自尊和尊嚴的女孩獨自一人在大城市漂泊，完全靠自己掙扎著生存是件多麼可怕的事情。相對來說，就算是那些受過專門訓練的男人，能夠過上體面生活的也為數不多，有成千上萬的男人照樣也失敗了。那麼，那些毫無行業和職業技能、孤立無助的、在毫無準備的情況下就被丟入這個自私冷漠、人人拚命去搶吃的、搶住的、搶權利的現代社會大漩渦的女孩，她們還能有什麼機會呢？

這件事情應該怪她們的母親。我認識的一些母親甚至從來都沒有讓自己的女兒洗過碗，也沒有讓她們做過任何家務事情，生怕她們那潔白柔軟的手變得粗糙，不再細嫩。她們情願自己受累來做這些事，而讓她們的女兒坐在一邊，去看那些無

第十二章　女性因何而不幸

聊透頂的小說，因為母親們總希望女兒的生活比自己過得好一些。那麼，這些女兒們就在沒有受過任何鍛鍊，沒有學到任何知識，毫無社會經驗，對自己一無所知，對性的意義一無所知的情況下長大了。假如說這些家庭有朝一日遭受了變故，由於這樣或那樣的原因不得不另外謀求生計，她們就會自然而然的漂泊到已經擁擠不堪的大城市中。我們應該知道的並不是為什麼會有那麼多女孩子走向墮落，而是如何讓大多數女孩子都能夠避免這種厄運。

對於所有的父母而言，不論貧與富，至關重要的事情便是要確保自己的孩子，尤其是女兒學會一種手藝，在某個專業中成為專門人才，這樣才能讓她們自食其力。就算是有錢人家的女兒也無法確保自己的家境不會發生驟然間的轉變，這個時候，如果她從小沒有為自己的未來做好準備，那麼，在這個越來越專門化，競爭越演越烈的社會，這樣的女孩很可能就會淪落風塵。

如果有誰讓一個沒受過良好教育、沒受過道德訓誡、不具備特定行業實用知識等安全保障的女孩出來謀生，法律就應該對這樣的行為定罪，並且施以懲戒。如果父母實在無力為子女提供這樣的條件，那麼，政府就應當出面干涉，絕不能讓那些毫無準備、不具備安全條件的女孩子們被迫面對生活。

我們常常聽到負責此事的人在一些演講和文章中做出一些半道歉性質的表白，他們說，「我並不是在危言聳聽。」但文章的作者沒有必要為此而道歉。正如「曠野中的大聲呼喊」那樣，他希望這些最有力的文字能夠對那些面臨性誘惑，但尚未

就範的人，或者是一條腿已經陷入泥潭，尚在掙扎中的人產生警示作用。在對待二十世紀的「白奴問題」上，他或許可以引用詹姆斯‧拉塞爾‧洛厄爾[31]在對待十九世紀「黑奴問題」上的警示性演講，並在此基礎上進一步加大力度和影響力。

洛厄爾說：「聽哪！飢餓的人群正在悲嘆、嗚咽，絕望的人正在憤怒咆哮。他們的聲音匯集在一起，正如暴風雨般向我們逼近。看在上帝的分上，讓所有聽到它的人說出這一切吧！但是，但是，我們無權干涉。如果有人偷了我的蘋果，他很可能會吃官司，但如果他偷走了我的兄弟，我卻只能啞口無言。誰規定的？我們的法律！六十年來一成不變、麻木不仁章法所規定的。他一隻手上抓著用來抽打奴隸的血跡斑斑的鞭子，另一隻手上緊緊握著由此而來的勝利。永遠被世襲皇權玩弄於股掌之上的正義說，你們都說出來吧！經歷過漫長的苦難與孤獨，從四散零星的教堂裡、徒有四壁的房屋裡走出來，逐漸走向智慧的歷史帶著回音說，你們都說出來吧！大自然用她那千萬朵自由開放的喇叭花、她璀璨的日月星辰、她的高山與海洋、她四季的風、奔流的大河、山巔裹在雲霧裡的青松，用振奮人心的歡呼大聲呼喊，你們都說出來吧！從顫抖的靈魂深處，有個小小的聲音很清晰的傳遞出來，都說出來吧！但是，但是，憲法和我們尊貴的巴格文‧M. C. 先生卻說 —— 都給我閉嘴！」

但就目前情況而言，這一切也不過是停留在作者的筆頭或

---

31 詹姆斯‧拉塞爾‧洛厄爾（James Russell Lowell，西元 1819 ～ 1891 年），美國浪漫主義詩人、文學評論家、編輯和外交家。

第十二章　女性因何而不幸

口頭上，也只不過是為那些已經泥足深陷的、正在承受悲慘後果的人們徒增痛苦。就算是對那些最可憐、最悔恨、最絕望的受害者，那些「當初沒有看到背後的不安、淚水，不知道黑暗中遭受的痛與生不如死」的人，作者仍然帶著誠摯與尊重採用了拿撒勒富有同情意味的話來給出自己的評價。拿撒勒企圖拯救妓女，他說「我不會責備你們，去吧，別再繼續犯錯了」。上帝也是這樣說的 —— 在《聖經》中〈以賽亞書〉的第 18 節中，希伯來預言家說，「雖然你們罪孽深重，但仍然可以純潔無瑕；雖然她們不可饒恕，但仍然可以如羊毛般雪白。」

> 黑夜孕育著白晝
> 冬天過後便是春天
> 曾經毫無生機的角落
> 也將布滿嫩綠的青苔
> 閃耀的星光會透過雲霧
> 陽光也會星星點點灑落
> 仁慈的上帝寬厚他的每一個孩子
> 於是他將希望灑滿了人間

—— J. G. 惠蒂埃

第十三章
新型自由的危險

第十三章　新型自由的危險

詩琴上的裂縫
令其音色日漸喪失
裂縫與日俱增　詩琴終將毀於一旦

—— 阿佛烈·丁尼生

晚年時期的克爾·貝洛[32] 曾對採訪他的人說過，「假如我有女兒的話，我不會讓她只做人氣男演員身後的粉絲，不論何時，只要她願意，我會讓她接近他，愛上她的英雄，你知道，她愛的不是演員本人，而是他所扮演的角色。這就是差別，就是這種差別會讓所有的事情產生截然不同的結果。」

他的這些話說明他十分了解女孩子的性格特點，同時也用一種浪漫的方式表達了他對女孩子的同情。

他繼續說道，「人們對於某些女孩迷戀男演員的愚蠢行為，普遍存在一種錯誤的看法。我曾看到過許多優秀、健康、聰明的女孩不可救藥的愛上了自己的英雄，不是愛上他所扮演的角色，而是愛上演員本人，而這個可憐而自大的演員竟然完全不明白這是怎麼回事。

一個滿腦子童話故事的小女孩往往會一不小心愛上某個男演員。在她生活的家庭裡，父親只要在家，就總是在看報紙，她唯一的哥哥除了扯她的頭髮，取笑她膽小的想法外，從來沒注意過她。

那麼，當心目中的英雄出現時，小女孩興奮了，她覺得

---

32 克爾·貝洛（Kyrle Bellew，西元 1850 ～ 1911 年），英國著名舞臺劇和默片時代演員。

『這就是我夢寐以求的男人，他勇敢、無所畏懼，他的愛情專一而熱烈，他不會嘲笑我藏著照片的項鍊墜和戒指，他渴望得到心愛的女人的一縷頭髮』。這個可愛的小傻瓜就這樣坐在那裡不停的想啊想。」

不幸的是，並非所有的男演員，也並非所有人都能夠以正確的眼光來看待這些追星女孩有時候表現出來的傻瓜行為。女孩們常常會因為自己的言行表示出了對男演員的崇拜，或對他抱有浪漫的幻想而受到責備。當然，也有一些情況下，女孩子的行為已經超越了應有的界限，這時候就應該受到嚴厲的批評。

與 50 年前甚至 25 年前相比，今天的女孩擁有太多的自由，這正是導致上述情況的原因所在。實際上，為了安全起見，在她還沒有獲得足夠的自我保護知識，能夠避開生活中的陷阱圈套之前，絕不能讓她們擁有許多現代女孩所享有的更大的自由，自由對她們而言是一種危險，這樣的例子比比皆是。我們的一些女孩沒有接受過任何能力鍛鍊，也沒有人告知她們，在現實生活中與男人打交道時，存在什麼樣的風險，然而就在這種情形之下，她們卻走上了社會。母親最致命的錯誤便是沒有告訴自己的女兒第一次親吻、第一杯雞尾酒、些許親暱的動作可能會導致怎樣的悔恨與羞愧。

一般的女孩在大飯店、大餐廳裡和男人一起喝雞尾酒時，根本不知道自己在做什麼。第一杯酒、第一次親吻、第一次擁抱常常就是通往地獄的捷徑。

不久前，我聽到一個男子狠狠責罵他的女伴，就因為她拒

第十三章　新型自由的危險

絕喝雞尾酒。她告訴他，她的媽媽不允許她喝酒，但是這個男的卻反駁道，如果她想要享受生活，就得跟隨潮流。

誰又能想像得到，這種跟隨潮流的錯誤思想導致了多少人類悲劇！做一個「跟隨潮流」的人為無數年輕女孩打開了通往毀滅的大門。

許多個性大方的女孩和相對還比較陌生的人一起去兜風，根本就沒有想到這樣做是錯誤的，她們甚至毫不介意中途在路邊的房屋旁停下來，下車休息一下。她們也可能會在沒有監護在場的情況下去看戲，隨後又去了酒館，在這種場合下，她將面臨各種自己完全不知道的危險。

大多數母親都過分信任自己的女兒，認為她們不論處在什麼環境下都不可能變壞。我們可以說，一顆純潔的心靈、很強的自控能力、良好的訓練這幾項要素將會保護女孩子，讓她幾乎在任何地方、任何環境下都不受到影響。但是，具備這些條件的女孩又有幾人呢？又有多少母親清楚自己的女兒將不停面對什麼樣的危險，有多少危險是她們勉強躲得過的呢？我們常常聽到一些無知的、沒有防人之心的女孩不幸被人糾纏，鼻涕一把淚一把的哭訴，她的母親從來都沒有告訴過她，在沒有監護在場的情況下和男人往來是件多麼危險的事情！

讓女孩子踏入這個世界，尤其是商業世界之前，如果不將可能面對的誘惑與危險告知她們，是一件極其危險的事情，因為在商業界裡，女孩們會不停的、密切的與男性打交道。父母應該在心裡很清楚，將一個純潔又無知的女孩放到男人的世界裡，就如同將一隻羔羊放到野狼出沒的草原上同樣危險。許多

男人野蠻而好色，別指望這些女孩能完好無損。如果說這個世上誰最值得同情可憐，就是那些無知、單純，卻處在各種危險誘惑之下的年輕女性。

　　毋庸置疑，如今女孩子們擁有了新型的自由，對她們實行的監護比以往大大減少了，她們有了更多的機會和設備對著電話講那些輕率、愚蠢的事，去電影院、飯店、下午茶等娛樂場所的機會大大增加了，她們可以在這些地方盡情的跳舞，尤其有誘惑力的是開車兜風。所有這一切都給了女孩子結交不良社會朋友的機會。換句話說，許多先前設在女孩周圍的保護方式現在已不見了，那麼，她在擁有更多自由的同時也必然有更多的機會誤入歧途。

　　雖然這種新興的、更大的自由受到了全國（帶著鑰匙晚上自己進門）的女孩子們一致的歡迎和堅持，但是，它可能會產生兩種後果，對於那些有主見，並擁有一個聰明、善於幫助子女的母親的女孩子來說，這可能是一件好事情，但是，對於那些弱者母親生出來的弱者女兒來說，既然無法適應它的危險性，就必然會受到它的傷害。

　　我所認識的一位紐約的母親幾乎快要被她 17 歲的任性女兒氣瘋了。她謊稱好朋友叫她去玩，獨自跑到飯店的茶座裡、餐館裡，在那裡，她結識了一些問題男人，並和他們跳舞、開車兜風。這個女孩已經深深迷戀上了這種刺激的生活，她把這種生活叫做新自由，全然不顧母親的警告。母親是個膽小的人，不敢將這一切告訴女孩的父親，因為父親是一個很嚴厲的人，很可能會一氣之下剝奪她的繼承權。有時這個女孩凌晨

第十三章　新型自由的危險

兩、三點鐘回家，有時甚至徹夜不歸，然後編出各種謊言來欺騙自己的父親。

許多女孩和這個女孩的所作所為完全相同，在無人看管的情況下一個人到處亂跑。他們會碰到一些行為不檢點的男人，邀請她們去看戲，去兜風，把她們帶到路邊小旅館，引誘她們喝酒、抽菸。過去幾年中，一直都有關於這方面的報導，一些不幸的、毫不知情的女孩被他們拖到這些地方，從而走向了毀滅。

就在前幾天，我聽一個漂亮的年輕女士說起她的一個女性朋友。這個女孩正在舞廳跳舞，就在監護在場的情況下，抓了個機會，趁監護不注意和她的男舞伴偷偷溜出了舞廳，去兜了一、兩個小時的風，根本就沒有考慮她的監護多麼焦急不安。

這樣的行為簡直是掩耳盜鈴、自欺欺人。用不了多久，這些慣用這種逃跑伎倆的女生會沉溺於更加嚴重和危險的行為中。

佛羅里達合唱團的小女孩的可怕經歷足以為成千上萬想試試看自己到底能在懸崖邊上走多遠不掉下去的女孩敲響警鐘。

她並不喜歡犯錯，她只是喜歡過刺激的生活，渴望得到他人的仰慕，虛榮愛奢華，正是這些帶領著她以及千千萬萬和她一樣的不幸的女孩一步步走向了毀滅。

對於一個有頭腦的女孩子來說，做危險的事情、晚上和幾乎不認識的男子一起去參加香檳晚宴、兜風、置身於各種難以預料的危險當中根本是不可能的事情。但令人感到奇怪的是，

那些完全投入其中的人往往看不到自己行為的後果，正可謂旁觀者清，當局者迷，別人的話她會徹底當成耳邊風。遊戲的參與者似乎都中了催眠術，他們知道和自己走著同一條道路的成千上萬的人最後會是什麼樣的結果，但是，他們不相信自己也會是同樣的結果。這就好比前面講過的那個戒酒的故事。他認為自己任何時候都可以放棄喝酒，隨時可以戒酒，但是，誰都知道，到最後他被這個習慣緊緊抓住，越來越緊，徹底逃離酒精惡魔的可能性也越來越小了。誘惑就像一道迎面而來的強光，讓你不僅看不到它自身的危險，而且還讓你無法看到它將為你的生活帶來的災難性後果。

這種新興的更大的自由還具有另外一個危險，就是它會讓女孩子太過獨立，聽不進他人的意見。她往往會覺得自己應該和哥哥享有同樣的自由，能夠安然無恙的去做男孩子們所做的事情，其實不然。

或許我們的倫理道德標準是錯誤的，但不幸的是，現實就是如此。如果一個女孩言行不檢點，或犯了什麼錯誤，如果她出現在某個問題場所，如果有人看到她和一個聲名狼藉男人在一起，那麼，不論她的錯誤是有意的還是無心的，人們會馬上對她指指點點，她的品格馬上會遭到質疑。

同樣，一些女孩在上班時間和一些男人打電話，像她們的哥哥和男性朋友打電話那樣自由，想說什麼就說什麼。過不了多久，她們就會養成和自己認識的男人煲電話粥的習慣，因為兩個人有一定的距離，所以她們會在電話裡和他們說一些既不會寫在信裡，又不好當面說的話。或許我們多多少少都存在

第十三章　新型自由的危險

一些我們稱之為「距離勇氣」的問題，對著電話，我們也許會說出某些話，然而面對面時，卻礙於面子或勇氣難以開口。雖然說電話的發明為數以百萬的人帶來了福音，但它卻是許多平凡、單純的女孩變壞的禍根，尤其是在一些家教十分嚴格的家庭裡，父母從小不給她們任何自由，但是也從來不告訴她們這種嚴格監護的必要性。

大多數女孩都知道自己不應該做不道德的事情，但是她們卻不知道這些事情會帶來多麼致命和悲慘的後果。許多人無視大眾的輿論和看法，去做那些愚蠢、欠考慮的事情，許多女孩為自己的錯誤行為找藉口，她們竟然還搬出了一句名言為自己開脫，「走自己的路，讓別人去說吧」。我們只知道自己是純潔的，不做錯誤的事情還遠遠不夠，我們絕不能將自己置身於問題場所。女孩子應該盡量遠離邪惡，避開問題環境，盡量不要結交名聲、人品有問題的男人，更不應該向那些幾乎不認識的男人打一些愚蠢至極的電話。

不在乎別人怎麼去說的女孩並沒有意識到唾沫星子也可以淹死人，好事不出門，壞事傳千里的道理。她也許根本就不知道，她一生的幸福與成功在多大程度上取決於人們對她的印象和看法。在輿論的海洋中，沒有一個人是獨立存在的，正如大海中的一滴水，根本不可能獨立於其他無數滴水之外。就連不莊重的外表也應該敬而遠之。

第十四章
女性之間的殘酷行為

第十四章　女性之間的殘酷行為

基督的王冠之上　慈悲是最亮的一顆寶石
人的一生中　切莫過分苛刻
得饒人處且饒人
難得糊塗　善待他人　皆為智慧之舉
要知道些許缺點背後　隱藏著更多的優點

—— 艾拉·惠勒·威爾考克斯[33]

對待他人　要寧信其善
勿信其惡

—— 謝立丹[34]

用寬容之心對待你的兄弟
用憐憫之懷對待你的姐妹
縱使他們有凡夫俗子之錯
然退讓乃人之本性

凡事適得其反
故不必深究其根源
他們心中的悔愧
或許你永遠也無從知曉

—— 羅伯特·伯恩斯（Robert Burns）

---

33 艾拉·惠勒·威爾考克斯（Ella Wheeler Wilcox，西元 1850 ～ 1919 年），
美國詩人、作家。代表作：《謳歌熱情》詩集、《世界與我》等。

34 謝立丹（Richard Brinsley Sheridan，西元 1751 ～ 1816 年），愛爾蘭劇作家、
作家、詩人，英國輝格黨政治家。代表作：《情敵》、《造謠學校》等。

最近，在婦女兒童勞動收入協會舉辦的一次調查中人們發現，絕大多數走入歧途的女孩都來自家政行業。導致這種結果的主要原因是她們長時間單一、枯燥的工作，潮溼陰暗的居住場所，以及孤獨寂寞的工作環境。

　　這份報告或許會令許多人，尤其是那些家裡使用了家政服務人員的人大吃一驚，也令那些樂於為每個家政服務女孩提供良好的居住環境，從整體方面關心她們的人感到驚異。

　　商店的女服務生和工廠的女工一直都在抱怨她們工作時間長，薪資收入低。於是，那些對家政行業抱有好感的人就會問她們，為何不放棄這份又累又枯燥、賺錢又少的工作，轉而從事有地方吃、有地方住、收入又高，總之一句話，一個舒適的家，用不著整天提心吊膽的家政行業呢？

　　如果這些好心人認為做女傭是件很愜意的工作，不妨讓他們在這個職位做上一、兩週，他們的看法可能就會徹底改變。如果大部分女主人意識到，自己決定著僱來的女傭的一切機會，包括休息機會、發展機會、生活中獲得樂趣和開心的機會，那麼，她們對待女僕的態度也可能就會完全不同。

　　我並不是說所有的女主人都冷漠無情，毫不關心自己的女傭，從來不為她們的健康和幸福著想，我也不是說所有的女傭都不開心、不滿意，事實恰好相反，一些女主人很善良，很細心，同樣也有一些女傭很滿意很開心。但是，還沒等進入這個長久以來引起人們爭論的問題的關鍵和核心部分進行討論，婦女兒童勞動收入協會調查委員會的報告就已經顯示，大部分女主人都是自私的，大多數女傭都是不滿意的。

第十四章　女性之間的殘酷行為

　　當我們靜下心來思考的時候，是否很想了解大多數從事家政服務的女孩子到底能從這份枯燥、單調而又繁重的工作中能得到多少鼓勵和幹勁，或者有多少值得欣慰的地方？恐怕寥寥無幾。

　　在引起大眾的關注之前，整個家政行業所面臨的令人深表同情的一個方面是，做家務勞動的女孩過著與世隔絕的生活，尤其是脫離了一切社會關係。她們幾乎沒有任何與異性進行正常、健康社會互動的機會。她們總是在非常不利甚至非常危險的情形之下與男性熟人或朋友見面，她們缺乏與異性朋友或來訪者見面的適當場所導致了她們的社會生活很不正常。

　　妳們這些常常對女傭嚴厲而缺乏同情心的女主人們，如果妳們的女兒被迫在只有幾張硬邦邦木頭椅子可坐的廚房裡和自己的男朋友見面，妳們會有什麼感覺呢？有的說不定就連幾張破椅子都沒有。如果說人家根本就不允許她在廚房裡會見來訪者，她只得站在走廊裡說話或不得不跟著他們去公園，或者在廉價的舞廳裡和他們見面，那又該怎麼辦呢？難道你就不為她感到難過，或者同情她嗎？妳也許忘了，妳的女傭同樣也渴望愛，渴望擁有一個自己的家，和妳的女兒一樣，她也希望有正常的社交活動。

　　吉卜林說，「外表不同的人，本質上卻是相同的。」不論是在宮殿裡還是在茅舍中，不論是養尊處優的公主還是窮苦的女工，她們胸膛裡的那顆心是相同的，她們都渴望得到愛，都希望有人陪。人類的思維，撇去種族與階級之分，幾乎都是差不多的，他們都有自己的熱情，都渴望有機會表現自己。但

是，如果這些東西遭到了拒絕，那麼，人的天性中必然會有一個部分長期得不到滿足。如果你的女傭整個生活失去了平衡，你又如何能夠指望她們做一個正常的人呢？她們的天性中也有許多個層面，你可以將自己這些層面發展得很好，卻從來沒有給過她們機會。她們的渴望長期被壓抑，不管心中有什麼樣的願望都無法表達出來，這些被壓制的情感是十分危險的，因為它們必然要尋求其他的發洩途徑，這些途徑往往並是不合法的途徑。

　　在這個問題上，瑪麗小姐已經意識到了這個總被人們忽視的方面的重要性，並且找到了令自己和女傭雙方都完全滿意的解決方法。最近，她就這個問題接受了一次採訪，採訪中她說，「人們一直以來在這個問題上大聲疾呼，卻從來沒有試著解決這一問題，女傭問題毫無進展。其他行業的工人們已經得到了各式各樣的幫助，女售貨員、工廠裡的女工都有自己專門的娛樂方式，有各式各樣專為她們進行的福利工作，但是家政人員卻什麼也沒有。我們不但沒有幫助過她們，反而令她們每況愈下。她們這個階層與我們的家庭生活狀況連結最緊密，但她們卻是最默默無聞的一個階層。我們從來沒想到過為她們的休閒生活做些什麼，或者確保她們能有什麼消遣方式。」

　　另外一個思想比較進步的女性艾倫小姐說，「做女傭容易，可做好女主人卻是一門技術。長期以來，女主人一直將她們的女傭放到一個只有一半人生自由的位置上，因此在某種程度上，她們不太可能做出改變，達到雙方都滿意的程度。訓練一個女傭讓她能勝任家政工作並不難，女性生來就有這種特長，

第十四章　女性之間的殘酷行為

許多女孩子熱愛這種工作。但是，如果讓一個女孩子日日夜夜待在另外一個女人的家裡，不論這個家有多麼富貴奢華，不論女主人對自己多麼好，問題終究難以得到解決。

「試問，還有什麼工作是不停處在老闆的監控管理之下的嗎？除非想出一個更好的辦法來，讓雙方更平等一些，否則解決問題無望。

「我們不應該忽略那些剛移民過來，來到我們家中的女孩，如果我們讓她們在我們自己的學校裡接受培訓，如果我們為她們創造條件，她們定然能成為聰明有才能的女性。難道我們還要採用舊的方法嗎？何不嘗試用『解鈴還須繫鈴人』的方法找到問題的答案？」

在整個問題中，最難解決的幾點是，大多數女主人在與她的女傭打交道時通常忘記了一件事──人類並不僅靠麵包生存，也就是說，就算物質條件再好，人類所具有的社會性仍然要發揮作用，家裡的女傭同樣需要表達自己，需要得到承認。雖然整個社會在各方面都在向前發展，教育能夠使一個身分卑微、出身平凡的人獲得極大的榮譽，承擔重要的責任，然而，家政服務的問題卻仍然在原地踏步。家庭女傭的生活並沒有什麼樂觀的前景，也沒有什麼發展的機會，在這一點上，女性的責任不容推脫，她們應該受到責備。女性應該認知到，家政階層的女傭也有自己的社會權利，至少站在人類的角度上來講，她與自己的女主人是平等的。只有這樣，家政行業的問題才能得以解決。這一行當中有這麼多女孩走入墮落，女主人必須承擔一定的責任。

比如說，一個來自鄉下良好家庭的聰明女孩去做女傭，在現有常見的環境之下開始了她們的嶄新的生活，她們又有什麼機會去碰到自己未來要嫁的人呢？她的處境讓適合她的男子難免產生歧視心理。機會的缺乏或許會阻礙她找到適合自己的婚姻。她自己也意識到了這一點。如果她感覺到了自己這些年來的孤獨，難免就會在臉上表露出來，或許她的青春美麗就這樣流失在了廚房的爐灶旁，浪費在了洗衣盆邊，或許她的青春爛漫早已被單調無聊、一成不變的日常工作和長期得不到娛樂放鬆而提前消逝。

　　在這種條件下，即使是虛假的愛情，女孩子們也想要拚命抓住，虛假的愛情至少在當時看起來就像她們所渴望的真愛，因此，這一切又有什麼值得奇怪的呢？她們從自己陰暗的、寒冷的、醜陋的小屋子裡來到了至少有生命和各種活動的地方，雖然不光彩，但是她們能夠感覺到一絲生命的活力，這正是她們的天性中最渴望的東西。因此，她們並不知道最終可怕的結局會是什麼，她們還未曾嘗到過酒杯中最苦的殘渣。

　　伯恩斯說過，「男人之間的殘酷行為製造了無數的慘痛悲劇」，那麼女人之間的殘酷行為又將導致什麼樣的後果呢？

　　女性之間的殘酷行為應該為大量從事家政服務的女性走進暗娼處所負責。女性通常會接受有男性制定下來的雙重標準，對男人做錯的事情可以原諒，而女人做錯事則要受到社會的排斥。

　　有人說過，「這個世上假正經的女人也是心腸硬的女人。」而將這句話用到那些墮落的姐妹們身上，唉，卻也是千真萬

第十四章　女性之間的殘酷行為

確。我聽說過那些貞潔的婦女用最難聽、最惡毒的話責罵過那些年輕的墮落女孩，只因為她們將自己出賣給了年齡足夠當自己父親甚至祖父的男人，而我卻從未聽說過她們責罵過自己的男人。

當丈夫、兒子、兄弟做錯事情時，他的妻子、母親、姐妹責備過他們嗎？受責備的永遠是「另外一個女人」，是那個「該死的」另外的女人勾引了可憐、無助、無辜男人！面對年輕的大利拉（Delilah，《聖經》人物，參孫的情婦，後將其出賣）的誘惑，那些祖父們、父親們又如何能抵擋得住呢？是她引誘了他，他才會犯錯，就像是偷吃禁果的亞當。不管是大利拉只有15歲，參孫已經50歲，也不管參孫有足夠的經驗將無辜的女孩（這些女孩的母親從未給過她們性教育）催眠，總之年輕的女孩必然處於萬人唾罵的不利處境。是她應該更有知識，是她應該隱藏自己的誘惑力，她應該是個強者，而不是弱者。至於她的熱情？她還能有什麼熱情？至少在男人看來這種女人不需要熱情，她只不過是逆來順受而已，所以她不需要熱情。去爭鬥的熱情、去征服的欲望只屬於男人，女人只是柔弱而邪惡的東西，她也就是個純粹的小蕩婦而已！

女性顯然已經接受了幾個世紀以來的教訓。這個教訓從我們的祖先亞當偷吃禁果之時就開始了。他享受了禁果後，為了逃避上帝的責罰，竟然將他們一起做下的好事全部推給了夏娃，我們那可憐的女祖先來承擔責任──「是這個女人引誘我，我才吃的！」

所以，當女主人發現自己的女傭被她的男朋友甩掉時（多

數是因為沒有合適的地方會見男性朋友），她不但沒有保護這個女孩，努力幫她解決問題，讓她的生活不至於毀掉，或者在郊區替她找一個安身之地，相反，她用最惡毒的語言罵她，將她趕出家門，告訴她，她根本就不配和人交往。

有時候，獨自生活在這個世界上的女孩非常渴望得到愛，希望有人能愛她，這種渴望也許會為她帶來一些麻煩。如果說這樣的女孩在什麼時候最需要有人同情她、保護她的話，也就是在這種情況下，她才最需要來自女主人的關照。

有那麼多受到驚嚇的、沒有任何朋友可以傾訴煩惱的女孩最後別無選擇，只能自殺，這難道有什麼奇怪的嗎？或者當她們被慈善機構拒之門外，被醫院趕出病房後，漂向似乎唯一向她們敞開著的一扇門，這又有什麼奇怪的？

紐約地區行政助理律師法蘭克・莫斯（Frank Moss）講述了一個德國女孩令人同情的遭遇。15 歲的女孩惠勒被一個名為沃爾特的變態人以招聘速記員的幌子騙到自己家中並遭到謀殺。法庭以目擊證人為由傳喚了這位德國女孩，當法官問她是否愛沃爾特時，她回答「是的」。莫斯先生緊接著說，「那妳一定不會講出關於他的真相了？」「真相？」女孩大聲喊道，「不論是什麼後果，我都必須說出真相。」她果然做到了。

審訊過後，莫斯先生說，女孩的誠實令她感動，但同時他也對她的遭遇感到同情，於是就問起她，提供了證詞從拘留所出去後，是否有朋友或親戚可以去投奔。女孩回答道，「沒有，莫斯先生，我在美國一個朋友也沒有，誰也不會給我一個棲身之地，也沒有誰會幫助我。」這位好心的律師不由自主吻了吻

第十四章　女性之間的殘酷行為

她的手，告訴她「妳還有一個朋友」。在他和其他人幫助之下，她就留在他的辦公室做些雜務工作。

幾個月之後的一天裡，她懷裡抱著她的孩子前來找他，旁邊還陪著一位健壯的大個子德國男子，這位男子打算和她結婚。莫斯先生問該男子他知道她的過去嗎？男子說他知道。但他又說他愛她，想要娶她為妻。這兩個人最後結婚了，這位行政律師莫斯先生以及他的助手們都來參加了婚禮。又過了一段時間，這位男子來到了莫斯律師的辦公室，告訴他自己打算正式收養妻子的兒子，並承擔他的生活和教育費用，將他撫養成人。

如果人們有那麼一點點同情心，如果能夠得到好心人的幫助，將會有成千上萬的女孩會像這位德國女孩一樣被挽救。但是，她們卻被每一個原本有能力幫助她們的人無情的拋棄，就如同丟棄沒用的廢物一般。

從來沒聽說有哪個誤入歧途的女孩子願意在這種情形下多待一天。但不幸的是，女孩子一旦落入這步田地，就很難抽身。羞愧感和日漸喪失的自尊不斷在削弱她們的意志力，當她們發現自己已經無法再次面對這個世界，幾乎每個人都躲著她們或嘲笑她們、斥責她們時，她們只得放棄自己。

在整個問題上，徹底錯誤的社會觀念應該為成千上萬想要回頭卻無法回頭的妓女負責。她們知道自己將會受到怎樣的社會歧視，她們根本就沒有機會再次回到外面的世界，所有她們知道的就是只能繼續生活在這種地下世界中，盡可能找機會逃離這種非人的生活。這些女孩們所受到的折磨，尤其是她們

剛被騙入的幾個月裡，所遭的罪是外面的人一無所知的。每一天，都有許多女孩傷心欲絕，愴然淚下，因為她們再也無法見到自己的親人，再也無法得到自己所愛的人的愛撫了。這種悲痛一直持續到所有的自尊心全部泯滅為止。

令人感到欣慰的是，在關於性墮落的問題上，整個社會有一種普遍覺醒的信號。人們越來越趨向於同情妓女，男人也應該為此而受到譴責，大多數時候，嫖娼現象應該由男人負責。雖然在以男性為主導的倫理道德方面仍然存在保守、狹隘、無知的雙重標準，仍然缺乏公正性甚至還是不道德的，但是，一些進步女性、有知識有文化的女性正在慢慢覺醒，她們對於落入風塵的女子所持有的態度與傳統觀念有所不同。她們更贊同一個世紀前伊麗莎白・弗萊[35]對待英國女囚犯的態度。這些不幸的女人對這位貴格教（基督教）淑女對極為崇拜，有一天一個朋友陪她一同去參觀新門（Newgate）監獄，他深深的為這些女囚犯對她表現出來的熱愛所震驚，於是就詢問這些女人究竟犯了什麼罪，她回答道，「我不知道，我從來都沒有向她們問起過這些，每個人都有自己的短處。」

全國上下的女性俱樂部、社會安置組織、救助之家、救助大軍以及許許多多的教會工作者為救助落水女性做了許多有益的工作，幫助她們找到了能夠自食其力的社會位置，不再受到任何誘惑的侵擾。

最近，女性俱樂部、救助大軍以及紐約其他一些社會工作

---

35 伊麗莎白・弗萊（Elizabeth Fry，西元 1780～1845 年），英國社會改革家、監獄改革家，貴格會信徒。被世人稱為「監獄的天使」。

第十四章　女性之間的殘酷行為

者的成員召開了一次會議，打算建立更多的援助機構。一位女士做了演講，她評論道，「男人說，女人最大的敵人是女人。在過去，這種說法也許有道理，但是我相信，今天的紐約女性俱樂部正在不遺餘力的根除這種不良現象的源頭。」

另外一名知名的女性俱樂部成員在會議上說：「也許再過很長一段時間，男人才會對女性的純潔表現出絕對的尊重，但是，在那個時代到來之前，我們必須拿出些行動，修復道德敗壞的男人對女人帶來的創傷，來為那些弱勢的犧牲品療傷。」

但是，一語道破問題關鍵部分的人是救助大軍中的一位女士，雖然有不十分恰如其分之嫌，但我仍然忍不住要在這裡做部分引用。她說，「在這項工作中，我們所面臨的最難對付的問題是在對她們實施了救助之後，如何確保這些女孩子的安全。大家都知道，這個世界是殘酷的，它的殘酷超過了你我的想像之外。這個世界的冷漠常常令人倍受打擊，灰心喪氣。那些經過了努力和掙扎通過了黑暗道路的女孩往往再次屈服。

「生病時，她們無處可去，失業時，她們所處的位置比那些從未有過不良前科的女孩更加不利。

「當然，救助大軍並沒有打算寵著或養著這些不幸的失足女孩，我們一貫強調人人都應該靠勞動自食其力。我們認為，對於每一個公民來講，工作絕對可以塑造和保持道德精神和身體上的健康。對於一個曾經失足過的女孩子而言，在她最需要的時候，能夠確保有一顆接納她的心，讓她有家可回是一件多麼美好的事情啊！」

全國各地的婦女在救助工作中做出的貢獻實在是太多了，

已遠非寥寥數語的讚美之詞所能表達。我們最終的目標就是徹底杜絕「性罪惡」──防患於未然是最根本的辦法。

統計數字顯示，在防止家政行業的女孩走上墮落之路一事上，雇主可以發揮很大的幫助作用。眼下，家政服務這個所有行業中最古老、最傳統的行業正經歷著一場復興和促進運動。為了「做得更好」這個共同目標，女主人與女傭雙方面正在形成一些組織，家庭女傭有機會得到越來越多接受科學教育的機會，而女主人方面則應該更多的滿足女傭的社會需求。這將成為這場運動的口號。在這個社會服務的分支領域中，我們需要教育程度更高的、具有專門技術的家政從業人員，但是，只有女主人和女傭，更確切來講是雇主和員工之間的關係徹底發生改變，女傭的工作時間與其他合法行業一樣，有規律、有系統時，才有可能實現這一目標。到那時，整個社會對家政行業所持有的歧視和偏見將不復存在，家政服務人員作為所有公共服務行業中最有用、最重要的人員，將會獲得她們應有的社會地位。

> 只有他，那個讓我們有一顆心的人
> 才完全有資格考驗我們
> 他了解我們的每一根心弦—和它的每一種音色
> 我們的每一首曲子—和它的每一點缺憾
> 在這完美的平衡面前　我們只有沉默
> 我們永遠無力去調整它
> 我們也許只能心裡明白
> 卻無法阻擋

> ── 羅伯特・伯恩斯

第十五章
罪惡的雙重標準

第十五章　罪惡的雙重標準

道德與性別無關。

男人應該恪守道德準則，女人也不例外。我認為人權是平
等的。

—— 安潔麗娜・葛瑞克[36]

最近我們聽說了一件事。一位在當地享有高層次社會地位
的母親將兩個年輕人的名字從她的家庭聚會邀請名單上刪掉
了。這一舉動必定會引起人們的關注，事實的確如此。於是有
一個朋友找到她，為這兩個年輕人辯解，他們說，「當然，他
們的所作所為很不好，讓人深感遺憾。但是，妳就這樣公開的
將他們從妳的社交活動中踢出去，這種做法很可能會更進一步
毀了他們。」這位女性靜靜的聽完他的話後，然後用堅決的口
吻回答道：「不，你錯了。我們一直在為他們開後門，其實我
們都做錯了。我一直在警告他們，如果他們再不檢點自己的行
為，我就會採取這樣的行動。但是，他們表面上態度很好，可
實際上還是老樣子。為了我的兩個女兒，以及所有來參加我宴
會的女兒們和母親們考慮，我必須將他們拒之門外。」這位母
親的立場很大程度上幫助了那些膽子較小和態度不夠堅決的母
親，為她們樹立了典範，因此，沒過多久，所有的家庭聚會都
紛紛將這兩個年輕人拒之門外了。

如果所有的女性都團結起來，在對待男性「性罪惡」的問
題上一致採取這位社交領頭人的立場，那麼，女性犯錯將會被

---

36 安潔麗娜・葛瑞克（Angelina Grimké Weld，西元 1805 ～ 1879 年），美國
政治活動家，女性參政運動的支持者。

社會徹底拋棄，而男性犯錯則可忽略不計的雙重標準，也就是我們文化傳統中的醜惡現象將會永遠成為歷史。

然而令人難以置信的是，這種糟糕透頂的、極不公平的雙重標準竟然被我們忍耐了如此之久。在尊崇上帝的基督教國家裡，竟然還會發生這種顯然會令上帝不悅的事情，一個男人只有犯了重大的錯誤才會被整個社會排斥，在性方面腐敗墮落的男人照樣可以隨便出入豪宅，那麼女性呢，她們稍有不慎，哪怕只走錯了一步路，就會徹底被這個社會遺棄。

真有什麼特別理由可以用來支持這種區別對待嗎？墮落對男人的影響難道真的小於對女人的影響嗎？男人真的有什麼特權可以任意的在放蕩的泥潭裡打滾嗎？不，一千、一萬個不！有人認為因為性別不同，男人可以無視道德準則，自由自在去做一些放蕩之事，而女人一旦放縱，便喪失了一切，永世不得翻身。如果我們支持這種理念，那就是在撼動美德的根基。所有心態正常的人都用該贊同安潔麗娜•葛瑞克的觀點，「男人應該恪守道德準則，女人也不例外。我認為人權是平等的。」

正因為在過去人們忽略了人權，男性霸占了所有的權利、力量，決定著女性的一切，因此才會有這種荒謬、醜惡、自相矛盾的雙重道德標準。

在過去，人類社會是由男性來控制的，或許不時的會有女性冒出來，但這也僅僅是為了滿足男人的私慾而已。因為男人有權力，所以他們就能在「性罪惡」問題上對於男性和女性採用截然不同的兩種態度。男人千方百計為自己的道德漢生病而開脫，就「性罪惡」而言，他們應該為這種不同性別不同對待

第十五章　罪惡的雙重標準

的錯誤觀點負責，也正因為如此，幾個世紀以來，不公正的性別歧視才會導致道德敗壞的肆虐和邪惡現象的橫行。

E.A. 羅斯[37]教授在他的名著《變革中的中國》一書中，針對中國婦女的社會地位及其潛在原因做了論述，在這裡，我們可以原封不動的將它拿來，用以描述基督教國家裡盛行道德雙重標準以及相隨而來的邪惡的原因。

「男人和女人應該在這個問題上負同樣的責任。但是很顯然，法律決定著女性的生活，但這並非出於為社會或民族的進步而考慮，而是出於對男性的一己之私而考慮。中國文化的每一個部分都是由男性打造的，這充分表露了這個國家男人的觀點：女人有必要低男人一等，並且必須處於男人的牢牢控制之下。聖人們一直強調，女子無才便是德，唯恐不這樣婦女就會占了上風，將整個社會顛倒過來。

站在男人的角度來看，女人就應該為男人做出犧牲，而不是男人為女人做出犧牲……

紅杏出牆的女人就應該被亂石砸死、被落井、被吊死……而男人在外面花天酒地，妻子卻大不了哭鬧一番，搞不好男人還會覺得女人煩，對她大打出手。

所以一切就再明顯不過了。在中國，婦女的命運並非由自己來決定，它是男性的需求與偏見的產物，絲毫沒有考慮到女性自身的利益。男人在決定著女性的活動領域的同時也決定著

---

37 E.A. 羅斯（Edward Alsworth Ross，西元 1866 ～ 1951 年），美國社會學家、優生學家、犯罪學家。代表作：《社會心理學》、《蘇聯》、《變革中的中國》、《社會發展趨勢》、《七十年一撇》等。

他們自己的領域。中國古代的聖人 —— 清一色的男性，造就了這種形式，並將它強加於女性身上。一切都是男人的主張，並非大眾的意見，各種習俗迫使女性服服貼貼。女性透過自己的智慧、意志和自身價值或許會擺脫某個男性的支配，這樣的例子有很多，但是女性永遠不可能在性問題上如同男性一般解放自己。男人掌握了所有的重型武器 —— 祖祖輩輩流傳下來的說教和律法；還掌握著小型武器 —— 時下的觀點和思潮。婦女被限制得死死的，不能去上學，不能有大的舉動，不能結交朋友，不許隨便和人交談、不能接受進步思想、不能參與國家大事、也不能有任何想法更沒有機會說出自己的觀點。」

　　但是，就算是在受傳統觀念束縛的東方，女性也與許多基督教國家的女性一樣，開始反抗男性所制定的律法，她們要求和男性享有同等的文明與道德準則，她們要求有一個比過去更為高等、更加潔淨、標準更高的社會，要求一個同樣適用於男性和女性的道德標準，無法達到這個標準的男性和女性要受到同等的社會排擠。

　　女性解放的思想正在慢慢滲透到全世界人民的生活當中去，已經在社會變革中產生了很大的影響作用。女性在現代社會中的各種活動正在促進整個人類向著更高的階段發展。

　　曾經有一段時間，一夫多妻制是一種很普遍的現象，而且很受尊重。讀過《聖經》的都知道，所羅門國王有一千個老婆。《舊約》中所標榜男性都是有好幾位妻子的男人。人類歷史的初期有許多事情都是今天人們所無法容忍的。隨著女性越來越回歸上帝造物時為她定好的位置，男性也在朝著日益高尚、

崇高的方向發展。

　　一個世紀前，國王和皇帝的妻妾們統治者整個宮廷，統治者公開攜帶著自己的情人，無視禮義廉恥的理念，高階政府官員在龐大的社會與政治權力面前被迫認可他們的偏好。

　　今天的統治者至少在外表上保持著道貌岸然的模樣，他們將各種陰謀詭計隱藏起來，挪到了地下，因此在男子的道德問題上似乎有所進步，表現出一副很尊重大眾輿論的樣子來。100 年前，男人的不道德行為整體來講比今天更為公開，而這些事情變得越來越隱祕，越來越多的轉為地下則說明了人們的社會觀念在不斷發生改變，這種改變不僅表現在人們對道德腐敗的看法上，而且還表現在人們對其他一些邪惡現象的看法上。男人不得不在自己生活的各方面進行一番清理，就拿同等階層的人在生活中飲酒這個習慣來說吧，100 多年前，一個酩酊大醉的律師出庭參加一項重要的審訊是件司空見慣的事，有時緊急案件不得不延期，一直等到執法人員從他們的放縱行為中清醒過來方可審理。各種商店和營業場所中為老闆和員工提供酒類也很稀鬆平常。牧師、教會執事以及其他一些教會官員常常飲酒過度。在公開宴會和其他公開場合中，一個男子醉倒在桌子下面的事情時有發生，那個能讓酒量最大的人喝倒在地的人將被視為英雄、超人。

　　社會標準發生顯著改變並沒有歷時太久，一切彷彿還在昨天。人們依稀還記得我們的公眾人物如何大肆炫耀自己手上有多少個女人，鼓吹自己玩弄過多少個純潔無辜的女孩子。賭博也是一種很普遍的現象，對於國會成員和議員們而言，賭博是

爬向自己位置過程中最普通不過的事情，但他們最終還會在喝得爛醉中被清理出去。

幾個世紀以來，年輕人出去「風流」被看作是很合乎情理的事情，甚至被看作是長大成人的必要準備或展現男人風範的方式。人們認為，每個男孩要想成為一個真正的男人就必須要「經歷一時的放縱」。實際上，在人類早期的歷史階段，由於獸性大於人性，所以，男女之間的相互忠誠根本是不現實的。但是，隨著人類不斷向更高一級進化，文明程度也在不斷提高，這些理念和做法已經漸漸消亡，取而代之的是更高等、更純潔的道德標準和實踐。

艾拉·惠勒·威爾考克斯說，「很長一段時期以來，所有的好人都接受對男性和女性實行雙重道德標準。男孩哪怕是犯了再大的錯，最嚴厲的批評也不過就是一句『男孩終歸是男孩』，但是，如果哪個女孩名聲受到了玷汙，所有的人都會避開她，一切有聲望的社會圈子都會將她拒之門外，留給她的只有教堂的長椅。在教堂裡，她必須將自己的罪行全部交代，最後，唯一向她敞開著的是修道院的大門、馬格達萊尼之家或者墳墓。但是，這個世界已經發生了重大的改變。」

誠然，這個世界已經發生了日新月異的改變，這是不爭的事實。但是，雙重道德標準這種人為的，且根深蒂固的法則卻不言而喻的成為了最難以取代的東西。然而正是這種道德標準促成了整個社會中最可怕的罪惡，所以，徹底杜絕這種現象無疑比任何一種社會變革更能夠將人類提高到一個新的階段。

迄今為止，這種道德雙重標準的罪惡一直都被那些最大的

第十五章　罪惡的雙重標準

受害者小心翼翼的隱藏了起來，但是，在轟轟烈烈的女性運動、女性意識的覺醒以及社會學家的不斷發掘等因素的影響之下，所有這些罪惡將通通被曝光，光明是邪惡的終結者。克麗絲特・潘克斯特小姐在她的名著《罪惡之首的幾大事實》中針對這一為首的社會邪惡現象做了大量的闡述，所以，我們再也不能找藉口無視它或者遮掩它了。

全部世界有文化的、進步的女性都紛紛起來為這種長期以來強加於自己身上的侮辱而抗爭，她們要求這種社會癌症應該被徹底治癒或切除，她們不會再因為這一切罪行都是在暗中進行就閉上眼睛假裝一切不存在。這種雙重標準必須被廢止。在過去，有不道德行為的男人最怕的是自己做過的齷齪勾當被發現，如今，婦女們已經不滿足於男人們的遮遮掩掩了，她們堅持認為這種現象一定要連根拔除才行，男人應當保持道德上的純潔。每一位有文化、有活力的女孩都要求與自己攜手走入婚姻殿堂的那個人和自己有同樣的純潔之身，如果他做不到，她將拒絕和他結為伴侶。不潔淨的男子只能與不潔淨的女子結婚，也就是他背地裡私通，當著大家的面卻表示厭惡的那一種女人。將來，一個道德腐敗的男人根本不可能像過去那樣，輕易娶到一個道德情操在他之上的女人。

他也休想隨便奪走女孩比生命還珍貴的貞操，然後肆無忌憚的、如同小孩子丟掉一個破玩具一般將她拋棄。有的男人認為欠賭債不還或者拖欠其他類似的債務是件很不光彩的事情，但是他們卻總是將自己親手毀掉的女孩毫不遲疑的拋棄，對於自己帶到世上的生命，永遠被定義為私生子的孩子，他們沒有

半點責任感。這樣的男人在未來亦將不復存在。

　　迄今為止，男孩子們一直都認為自己可以去做一些放蕩之事，但這些事情對於自己的姐姐或妹妹來說，簡直不可想像。「女性低男性一等」這種理念根深蒂固的烙印在男孩的思想中，徹底混淆了他們在「性」問題上的是非觀念。

　　我認識一個男孩，他簡直就像對待白痴一樣對待自己的姐姐和妹妹，總覺得自己高她們一等，不停的嘲笑她們並提醒她們，別忘了自己是女孩，也別指望自己能和男人擁有相同的權利和特權。他最喜歡對姐姐妹妹們說的一句話就是「知道嗎？女孩不能做這樣的事。」他不僅常常訓斥自己的姐姐和妹妹，甚至對自己的母親也是這樣，因為他的父親從來都把自己家中的女性看作是「次等人類」。這個男孩對父親和其他男性長輩言聽計從，唯獨不把女性看在眼裡，在一些重大問題的觀點和判斷上尤為如此。

　　大多數家庭中的男孩和女孩常常聽到這樣的說法，「哦，他是個男孩，男孩就得有自由，他可不能像個女孩子」、「哦，她是個女孩，女孩一定要比男孩謹慎些，她這也不能做，那也不能做，只因為她是女孩」。久而久之，他們就會對此習以為常，然而，兩性之間迥然不同的道德標準正是在這種默認與薰陶之下逐漸形成的。他們認為，男人可以做許多事情而不受到任何譴責，女人若是這樣做，則犯了天譴之罪，必將遭到滅頂之災。他們認為，男人可以飲酒作樂盡情放縱而毫不影響自己的社會地位，而女孩若是做了這種事就必遭譴責，該受到鄙視，應該被一切上等社會和體面人物拒之門外。

第十五章　罪惡的雙重標準

如今的年輕人之所以會形成這種錯誤概念，他們之所以會四處風流，之所以會在各種不檢點行為的情況下仍然能問心無愧、毫無悔意的走入婚姻殿堂，仍然要求自己的終身伴侶潔白無瑕，這種施加給年輕人的極具危害性質的道德教育應負很大的責任。

灌輸這種單方面的理念完全是男權社會所導致的結果，是男人站在自己的利益角度上考慮、以自己沒有人性的欲望為出發點的看法。他自認為高女性一等，於是對自己的妻子，他要求絕對的純潔，然而他卻認為用自己骯髒不堪的身體去和新娘那潔白無瑕的身體做交換是一件理所當然的事情。

這種可惡的雙重道德標準讓許多男性一直保持單身，並不是因為他們覺得自己不適合婚姻，而是因為單身生活讓他們有更大的自由。

在我們大城市千千萬萬的年輕人中，許多人有足夠的經濟能力組織家庭，但他們卻毫不遲疑的回答，他們不需要結婚，因為單身可以為他們提供更多自由，讓他們能夠更多的享受生活。

不久前，我向這個階層中的一位年輕人，一個收入豐厚、很有潛力的年輕人提出了一個問題，問他為什麼不肯結婚，擁有一個自己的家。他回答，「嗯，結婚其實不划算，婚姻能為我帶來什麼？在紐約這個城市，男人在需要的時候隨時可以得到一個女孩，在不需要的時候永遠也不會去打擾她！」

他還補充道，如果他想去歐洲，他可以前一天晚上收拾行李，第二天一早就乘船出發，無牽無掛，也不需要徵得任何人

的同意。他可以住在單身公寓裡，享受公寓管理員的照顧，在最好的飯店或餐廳裡吃飯，隨時隨地享受美好時光，不用承擔為人夫和為人父的責任。

很多時候，這種自私透頂的男人和他們糟糕透頂的生活態度以及所作所為讓他們永遠也無法真正愛上某個女人。他們長期以來的放蕩生活已經玷汙了人類神聖的感情和愛的本能，令他們失去了愛的能力，無法再愛。對動物本能暫時性的滿足已經成為了他們對女性唯一的慾望，他們深知，不論結婚與否，社會對他們這種放蕩行為都會睜一隻眼閉一隻眼。

但是，對不道德男人和不道德女人給予同等懲罰的這一天即將到來。

今天的大眾正在醞釀著未來理想男性與女性的最佳形象，未來孩子們的生活是一副嶄新的畫面，它正在人類面前逐漸展開。在新的時代裡，不會再有公然四處風流的男人，也不會有人肯買他們的帳，因為人們已經無法再容忍這種雙重道德標準了。

新一代的女性將會以前所未有的形式為生命把關。她們會要求自己的終身伴侶進行婚前體檢，就好像買人壽保險前的體檢或陸軍海軍徵兵時的體檢那樣。新時代的女性再也不會與持有雙重道德標準觀點的男性打交道，然而有些母親卻允許自己純潔無辜的女兒與那些過著雙重生活，長期以來道德腐敗卻依然能夠立足於上層社會的男人們交往。

第十五章　罪惡的雙重標準

　　偉大的科學家阿爾弗雷德・羅素・華萊士 [38] 在他一部近作《社會環境與道德進步》中預測到，用不了多久，女性的社會地位與重要性將會被提高到有史以來最高的階段。他說，將來「女性會承擔更多的社會責任，擁有更多的權利，這將令男性放棄自己的優越感，因為人類的進步與人類未來的幸福在很大程度上要取決於女性對婚姻自主的選擇。」

　　它將成為廢止雙重標準後，取而代之的那種全新的、更高的道德準則所產生的重大影響之一，於此同時，女性的經濟獨立也加快了整個新舊替換過程。女性經濟的獨立程度會隨著時間的前進不斷增強，這將賦予她前所未有的婚姻自主權。此外，女性的這種自主選擇權還受到另外一個因素的影響，隨著人口品質的提高，幼年和成年男性的死亡現象將會逐漸消失，這個世界上不再是女性人數多於男性，相反，男性數量將會超過女性數量。這將導致男性競爭妻子更為激烈，讓女性有權利拒絕品格低劣的男人，接受品格高貴的男人。

　　這並不代表女性將會取代男性或篡奪男性的權利，這只不過是意味著女性將回歸到她本來應有的地位，不再像過去那樣，走在男性背後的陰影之下，而是與男性並駕齊驅，並肩前進，因此，將來我們的政府、我們的整個司法與社會機構會是一個完整徹底的機構，這種高標準只能透過男性和女性之間的平等合作才能夠實現。

　　女性投票權的運動只不過是女性世界當前正在經歷的這場

---

38 阿爾弗雷德・羅素・華萊士（Alfred Russel Wallace，西元 1823 ～ 1913 年），英國博物學家、探險家、地理學家、人類學家和生物學家。

轟轟烈烈的革命中的一個階段而已，投票室的大門正在逐漸向女性敞開，但是遲早有一天美國所有的州都會效仿現在僅有的幾個州，對所有女性都自由開放，它將促進整個民族的道德、禮儀和生活標準邁向一個更高的臺階。

酒類銷售者和那些透過各種邪惡不法生意發財的人反對女性擁有投票權，因為他們知道，如果全國的女性一旦被賦予了投票權，她們手中的權力將會妨礙到自己靠迎合男人低級欲望而獲取利潤的行為。

英國強烈反對婦女投票的背後原因之一就是「性」的問題。和其他任何地方相同，英國的女性一旦擁有投票權之後，她們將會消滅現有憲法當中可恥的歧視女性的條款，以及一切與「性」道德相關的、對男性有利的條款。那個老掉牙的問題「你要我娶的這個女人已經不純潔了，你讓我怎麼辦？」將不復存在，道德與正義將不再被貼上性別的標籤。

如果婦女被給予了選舉權，她們不會長期間容忍對待婦女與男性的不公正的雙重道德準則。一個男人在大眾面前的良好形象，職業或事業上所獲得的成功不會長時間的為他私生活方面的墮落作掩護，如果女性和男性獲得了同等的參與立法的權利，道德雙重標準亦將不復存在，因此，女性將在社會現狀的形成過程中發揮更大的影響作用。未來的女性絕不允許自己的姐妹受到剝削和壓榨，成為滿足男人低級欲望的工具，如果女性獲得了投票權，她們絕不會允許男性公開的貶低女性或者摧毀年輕女性，也絕不允許將性病傳染給未出世的孩子，讓他們終身畸形、殘疾或者智障，這樣的事情絕不能再發生。

第十五章　罪惡的雙重標準

　　保護自己的家，自己的孩子是每個女性的本能，她們知道，沙龍、妓院是家庭最大的敵人，她們知道這些東西威脅著自己孩子的品德，影響著他們的成功，毫無疑問，她會為捍衛甘願付出生命的那個人的幸福而奮戰到底。在生命的每一個環節中，女性都有一種催人向上的影響力，所以，她應該被賦予同樣的政治權利，而這一權利卻被一些自私卑鄙的男性專橫無理的剝奪了。這些男性一面對她們甜言蜜語，稱呼她們為「尊貴的人」，誇讚她們為天使，一面卻無情的拒絕了她們應有的權利！

　　那些自詡為具有騎士精神的勇敢保護女性的男人，竟然如此殘忍的對待女性，讓所有的法律都不利於她，在「性」問題上鼓勵所有的大眾輿論偏袒於自己，背棄於女性。

　　這便是今天社會所面臨的最大問題。法律是男人制定的，它側重於男性，適用於男性，不論它是否出於強制，都恰如其分的保護著男性的欲望。男性永遠也不會很自覺去強化自己容易觸犯的法律，但女性則堅持一定要懲戒那些引誘自己的丈夫、威脅到自己的孩子、家庭的事物。在這個世界只要是有女性做決定的地方，就一定會改善、會進步、會變得純潔，是她們讓家成為這世上最潔淨、最溫馨甜美的地方，那麼，如果她擁有了權利，定會主張公共道德與私人道德應當具有同等的標準。

　　在挪威，女性擁有議會投票權，經過長時間的討論，終於通過了一項讓未婚媽媽和非婚生子女享受應有權利的法律，每一個私生子都有權利繼承生父的姓氏及財產，其母親同樣也

是。相比之下，在那些由男性一手制定法律的國家裡，未婚母親和她們的孩子簡直不受任何法律的保護。

　　就在我寫下這本書之際，英國的男性，包括政府、國教會、報界正忙著嚴肅討論關於「諒解」、「戰亂嬰兒」未婚母親的失足問題，但是，我們從始至終都沒有聽到過「原諒」這些孩子的父親之類的話。哦，不，這種情況下男人根本就不需要得到誰的原諒，就因為他們是男人。但是，英國女性的抗議聲卻到達了一個空前的高度，在她們的努力之下，最終的結果是，如果這些不幸的孩子們的父親不承擔全部責任，司法部門將會採取一定的措施來保護這些母親。在美國，凡是女性成功獲得選舉權的州，合法選舉年齡提高到了 18 歲，而在那些仍然由男性制定法律的州，選舉權的年齡在 14 ～ 16 歲之間。

　　在過去，男性一手遮天的時候，他們總是肩並肩的掩蓋自己道德上的墮落，以及對自己罪惡的寬大。更有甚者，就算是他們的罪孽已經毀了整個家庭，害得自己的妻子渾身是病、毀掉了自己孩子的一生，男性醫生也總是小心翼翼的為他們保密，竭力保護那些男性道德墮落者的名譽。

　　過去，是男人的思想主宰著這個世界，現在，女性也走到了前列。無論是在哪個方面，雖然人們在言論和社論中有一些比較誇張的反對意見，但是，整個社會都有向上發展的趨勢。普遍發展起來的女性公民權、男女享有同等受教育權運動，以及女性進入所謂的知識行業，尤其是女性醫生的數量不斷增加，這一切都深刻影響並改變了大眾對於雙重道德標準的看法。

第十五章　罪惡的雙重標準

　　如果所有的女性都能擁有民權，能夠在每一個文明發達的州自由的投出自己的一票，那麼，對於驅除性罪惡以及酗酒問題而言，她們在 1 年內所做的工作能夠超過男人 100 年所做的工作。事實顯示，在女性已經獲得選舉權的幾個州中，酒類生意、血汗工廠、低級夜總會已經上升到了政治問題。只要是女性獲得了權利的地方，她必定會將黑暗的地方照亮，讓一切事物更加潔淨。在管理國家這個大家庭的問題上，男性已經太久沒有得到過女性的幫助了，這個大家庭有太多的地方急需女性來幫助清理，這些清理工作若沒有女性的幫助，男性永遠也無法獨自完成。

官網

國家圖書館出版品預行編目資料

奧里森‧馬登論「沉默之罪」：新型自由的危險、女性之間的殘酷行為、罪惡的雙重標準，人文勵志大師致不知情者的性教育 / 奧里森.馬登 (Orison Marden) 著，胡彧 譯 . -- 第一版 . -- 臺北市：崧燁文化事業有限公司 , 2023.01
面 ； 公分
POD 版
ISBN 978-626-332-955-3(平裝)
1.CST: 性教育
544.72 111019236

奧里森‧馬登論「沉默之罪」：新型自由的危險、女性之間的殘酷行為、罪惡的雙重標準，人文勵志大師致不知情者的性教育

臉書

作　　著：[美] 奧里森‧馬登（Orison Marden）
翻　　譯：胡彧
發 行 人：黃振庭
出 版 者：崧燁文化事業有限公司
發 行 者：崧燁文化事業有限公司
E - m a i l：sonbookservice@gmail.com
粉 絲 頁：https://www.facebook.com/sonbookss/
網　　址：https://sonbook.net/
地　　址：台北市中正區重慶南路一段六十一號八樓 815 室
Rm. 815, 8F., No.61, Sec. 1, Chongqing S. Rd., Zhongzheng Dist., Taipei City 100, Taiwan
電　　話：(02)2370-3310　　傳　　真：(02) 2388-1990
印　　刷：京峯彩色印刷有限公司（京峰數位）
律師顧問：廣華律師事務所 張珮琦律師

─ 版權聲明 ─

定　　價：330 元
發行日期：2023 年 01 月第一版
◎本書以 POD 印製